天伦乐事
家庭美

青少年审美素养丛书

总主编：赵伶俐　汪　宏

主编：汪　宏　周春晓　李　丁　黄　俊

西南师范大学出版社
国家一级出版社　全国百佳图书出版单位

图书在版编目（CIP）数据

天伦乐事：家庭美 / 汪宏等主编. -- 重庆：西南师范大学出版社，2019.6
（青少年审美素养丛书）
ISBN 978-7-5621-9379-1

Ⅰ.①天…　Ⅱ.①汪…　Ⅲ.①青少年教育－审美教育　Ⅳ.① G40-014

中国版本图书馆 CIP 数据核字（2018）第 119966 号

青少年审美素养丛书
总主编：赵伶俐　汪　宏
策　划：郑持军　张燕妮

天伦乐事 —— 家庭美

TIANLUN LESHI JIATING MEI

主　编：汪　宏　周春晓　李　丁　黄　俊

责任编辑：	郑先俐
责任校对：	雷　刚
装帧设计：	张　晗
排　　版：	重庆允在商务信息咨询有限公司
出版发行：	西南师范大学出版社
	网址：http://www.xscbs.com
	地址：重庆市北碚区天生路 2 号
	邮编：400715
印　　刷：	重庆友源印务有限公司
幅面尺寸：	170mm×240mm
印　　张：	8.75
字　　数：	132 千字
版　　次：	2019 年 11 月　第 1 版
印　　次：	2019 年 11 月　第 1 次印刷
书　　号：	ISBN 978-7-5621-9379-1
定　　价：	32.00 元

丛书寄语

青少年朋友们,美,是一个多么令人身心愉悦、陶醉的字眼啊。但是,要能够在周而复始的、紧张的学习生活中,在看似平淡无奇的生活中,发现美,欣赏美,表现美,创造美,却是需要一生不断学习、积累和领悟的过程。新时期党和国家更强调美在培育人才、建设祖国中的重要地位,更加重视"以德树人、以美育人、以文化人,提高学生审美与人文素养",赋予美以践行社会主义核心价值观、弘扬中华传统美育精神和坚定文化自信的重要内涵。

我们编写的这套"青少年审美素养丛书"就是以"美"为主线,从解释什么是美开始旅程,不断驻足,欣赏自然之美、艺术之美、科学之美、家庭之美……更重要的是,这套丛书的主要作者都只是比各位读者们大一点的研究生哥哥姐姐们,他们只是比你们先学习了一步而已。他们以自己对美的热烈向往、认真学习、深度理解,描述了在自然、社会、艺术、科学以及我们的日常生活中存在的各种各样的美,它们能丰富你的学习与生活,也能为你未来的成长和生活积蓄满满的正能量。

《美之奥妙——何为美》的主笔段禹,高大帅气,带领着写作小组的同学们,讲起美来娓娓动听;《江山如画——自然美》的主笔林笑夷,特别热爱自然,还有高超的摄影技术,她带领小组成员写作的成果,可以作为你与家人去旅游时的鉴赏手册;《智慧之源——科学美》的主笔叶泽洲哥哥,在光电科学的领域中探索,而后再以审美的眼光重新审视了自己所学的专业知识,并带领写作组的同学们一起为血肉丰满的科学之美而感动、而运笔;《缪斯之光——艺术美》的主笔胡敏楠，一个学美术的姐姐，在大学的学习中总是积极参与活动，投身边远地区的农村中小学，以美育实践进行教育扶贫；等等。还有《天伦乐事——家庭美》《向美而生——生活美》《和谐共鸣——社会美》都是以审美的眼光看待我们的日常生活，那些小人物、小瞬间、小感动，都是美的体现。若我们都能这样，无论在社会、家庭还是个人生活中总会更加幸福、快乐！

因为所有参与丛书编写的老师、同学们的共同努力，才有了这套丛书的诞生。你可以与他们取得联系，交流审美的心得、困惑与需求，成为朋友。而且，你还可以对任何一本书的任何一个部分提出意见，下次我们重印修改的时候，你的意见就十分重要了。因为美而结缘的朋友，人生一定会有别样的幸福！

西南师范大学出版社的郑持军编辑，以及每本书的编辑老师，为丛书的策划、立项、文本修改、配图等，付出了很多心力。还有叶泽洲，在书稿最后的修改中，做了大量实际工作。他敢于担当的奉献精神，一定会在今后的人生中赢得更多人的欣赏和尊重。让我们在此，真诚地感谢他们！

本套书预计出版7至9本，分别是《美之奥妙——何为美》《江山如画——自然美》《智慧之源——科学美》《缪斯之光——艺术美》《天伦乐事——家庭美》《向美而生——生活美》《和谐共鸣——社会美》……

读者朋友们，如果你有兴趣，请持续关注这套"青少年审美素养丛书"的出版情况。让我们一起持续阅读，持续感悟，持续进步！

赵伶俐、汪宏
西南大学教育学部美育研究中心
2019年3月23日

目录

前言

一 什么是家庭美

1. 家庭美的内涵 / 002
2. 家庭美的特征 / 010
3. 家庭美的分类 / 013

二 勤俭家风慈母训，他年富贵莫忘贫——家风之美

1. 什么是家风之美 / 022
2. 感受家风之美 / 028
3. 美的实践园 / 033

三 谁言寸草心，报得三春晖——亲子关系之美

1. 什么是亲子关系之美 / 038
2. 感受亲子关系之美 / 042
3. 美的实践园 / 049

四 但愿人长久，千里共婵娟——兄弟姐妹关系之美

1. 什么是兄弟姐妹关系之美 / 054
2. 感受兄弟姐妹关系之美 / 061
3. 美的实践园 / 065

五 相濡以沫，相敬如宾——夫妻关系之美

1 什么是夫妻关系之美 / 070
2 感受夫妻关系之美 / 074
3 美的实践园 / 082

六 投我以桃，报之以李——邻里和谐之美

1 什么是邻里和谐之美 / 086
2 感受邻里和谐之美 / 092
3 美的实践园 / 097

七 诗书勤乃有，不勤何所获——劳动之美

1 什么是劳动之美 / 102
2 感受劳动之美 / 106
3 美的实践园 / 113

八 赏心悦目谁家院，良辰美景有洞天——家居之美

1 什么是家居之美 / 118
2 感受家居之美 / 123
3 美的实践园 / 128

后记 / 131

参考文献 / 132

前言 Preface

  家是在我们日日辛劳过后，给予安心睡眠的温床；家是在我们经历风雨过后，给予心灵慰藉的港湾。家庭中的美需要我们用心感受，细细品味。家庭美表现为家庭中人与人之间、人与环境之间的关系之美，也就是家庭和谐之美。

  家庭和谐之美体现了中国人独特的审美追求。习近平总书记说，中华民族自古以来就重视家庭、重视亲情。家和万事兴、天伦之乐、尊老爱幼、贤妻良母、相夫教子、勤俭持家等，都体现了中国人的这种观念。

  和谐的家庭成员关系和家庭成员与环境的关系是家庭美的两个重要方面。家庭成员奏响了一曲曲和谐的家庭交响曲，显示人的精神文明之美；家庭环境则描绘了一幅幅多姿多彩的生活画卷，显示人与物的情感交融之美。

  为了能够让青少年读者生动形象地感受到家庭美，本书将家庭美的相关知识贯穿于案例之中，从人与人、人与物两个角度进行赏析，既有家风家训之美、亲子关系之美、兄弟姐妹关系之美、夫妻关系之美、邻里和谐之美，也有劳动之美，以及家居之美。

  在阅读过程中，你会了解到家庭美的表现形态，感受到家庭美带来的愉悦体验。衷心地希望本书能够带你走进家庭之美，帮助你认识家庭之美，发现和感受家庭之美，并能够创造自己的美的家庭世界。

《天伦乐事——家庭美》编写组
2019 年 9 月

图1-1 全家福

　　这是一个家庭的全家福，照片中每个人的脸上都洋溢着灿烂的笑容，展现了家庭成员之间亲密无间的关系。

什么是家庭美

茅檐低小，溪上青青草。醉里吴音相媚好，白发谁家翁媪？
大儿锄豆溪东，中儿正织鸡笼。最喜小儿亡赖，溪头卧剥莲蓬。

——［宋］辛弃疾《清平乐·村居》

1　家庭美的内涵

家，是我们每天和家人共同生活的地方。家中有父母子女的相互关爱，有兄弟姐妹游戏的欢乐，有家人共同劳动的喜悦。和谐的爱是家庭中的主旋律，就像歌曲《让爱住我家》中唱的那样：

我爱我的家
弟弟爸爸妈妈
爱是不吵架　常常陪我玩耍

我爱我的家
儿子女儿我的他
爱就是忍耐　家庭所有繁杂

我爱我的家
儿子女儿我亲爱的她
爱就是付出　让家不缺乏

（歌词节选　歌词作者：麦玮婷）

这首歌唱出了普天下所有人对家的感受，表达了人们对家的炽热情感和对亲情的无限依恋。这首歌之所以能打动我们，是因为它描绘了爸爸、妈妈、儿子、女儿之间的深厚情感，表现了家庭关系的和谐景象，阐释了家庭美的真谛。

那么，什么是家庭美呢？让我们先从"家庭"说起。

家庭，也就是"家"。汉语中的"家"字，它的字形从古代的甲骨文到我们现在通用的楷体，最上面都是一个大大的宝盖头，这个宝盖头是不是跟屋顶很像

甲骨文　　　　　　　　金文

小篆　　　　　　　　楷体

图1-2　"家"字的演变

一　什么是家庭美

图 1-3　家庭中的"爸爸""妈妈"和"我"。
图片来源：中央电视台公益广告《Family》视频截图

呢？宝盖头代表家人一起布置和生活的房子，也象征着父母用双手撑起我们的家，给予我们温暖与呵护。房子里面有父母、有孩子，他们之间有着非常密切的关系，所以，宝盖头下面是连在一起的笔画，代表家人团结在一起，互相支持，互相安慰。

中央电视台有一则名为《Family》("Family"的意思是"家庭")的公益广告，形象地演绎了"爸爸""妈妈"和"我"构成家庭的过程。其中，"F"是爸爸，"M"是妈妈，"I"是我。小时候，"F""M"含辛茹苦地养育"I"。渐渐地，"F"的背驼了，"M"的身体也臃肿了，而"I"则在他们的关爱下越来越高、越来越强壮，于是"I"成了"F"的贴身拐杖、"M"的遮阳庇护伞。

爸爸妈妈对孩子的悉心呵护，孩子长大后对父母无微不至的关爱，这些就是和谐家庭关系的体现，也是家庭中最美的风景！

家庭美带给人幸福的感受，是最妙不可言的情感体验。和睦的家庭成员关系是家庭美的表现。父母幸福的婚姻、兄弟姐妹的相亲相爱以及邻里的和睦相处，彰显着家庭中人与人的和谐关系。此外，舒适的居住环境也是家庭美的表现。巧思妙想的家居布置、温馨舒适的家庭环境，展现着家庭中人与环境之间的和谐关系。这一幅幅家庭生活的画卷，都诠释着家庭美的深刻含义。只要我们用心感受，就会发现家庭中的点点滴滴都充满着美！

和谐是家庭美的特征，和谐的家庭不仅是家庭追求的目标，更是国家发展、民族进步、社会和谐的重要基点。那么，什么是和谐呢？什么样的家庭才是和谐的呢？

和谐，就是多样统一，意思就是既要允许有个性、有变化，又要追求相

图 1-4　家庭中的温情

互融洽和讲究规则，不能杂乱。一味强调个性和变化会导致混乱，相互融洽和讲究规则才能更和谐。和谐的事物能引起人们生理和心理上的共鸣，使人赏心悦目，产生美的感受。

家庭中的多样主要表现为家庭成员的性格、爱好等方面的不同。家庭成员的性格、爱好等方面的不同还会影响家居布置的风格，如孩子可能偏爱现代风格，而父母则可能更喜欢古典风格。

家庭中的统一主要表现为家庭关系的和谐，也就是家庭成员之间关系的融

图1-5 多样的家居风格

图1-6 多样的统一

洽以及人与家居环境之间关系的融洽。家庭成员之间可能会因为性格不同、见解不同而产生矛盾，但由于家庭成员间的亲密关系，最终都能相互理解、彼此包容。此外，尽管每个家庭成员对家居的布置可能有不同的偏好，但整个家庭的环境布置还是要考虑整体设计，这样既尊重了每个人的喜好，又能营造出协调一致的效果，从而体现出和谐之美。

(1) 家庭中人与人的关系

家庭主要成员包括爷爷奶奶、外公外婆、爸爸妈妈、兄弟姐妹等。家庭中人与人的关系可以分为夫妻关系、亲子关系、兄弟姐妹关系和其他成员之间的关系，但最主要的是夫妻关系、亲子关系和兄弟姐妹关系。

家庭美主要体现为家庭中夫妻之间、父母子女之间以及兄弟姐妹之间的和谐关系，如相敬如宾的夫妻关系、父慈子孝的亲子关系、相亲相爱的兄弟姐妹

图1-7　家庭树

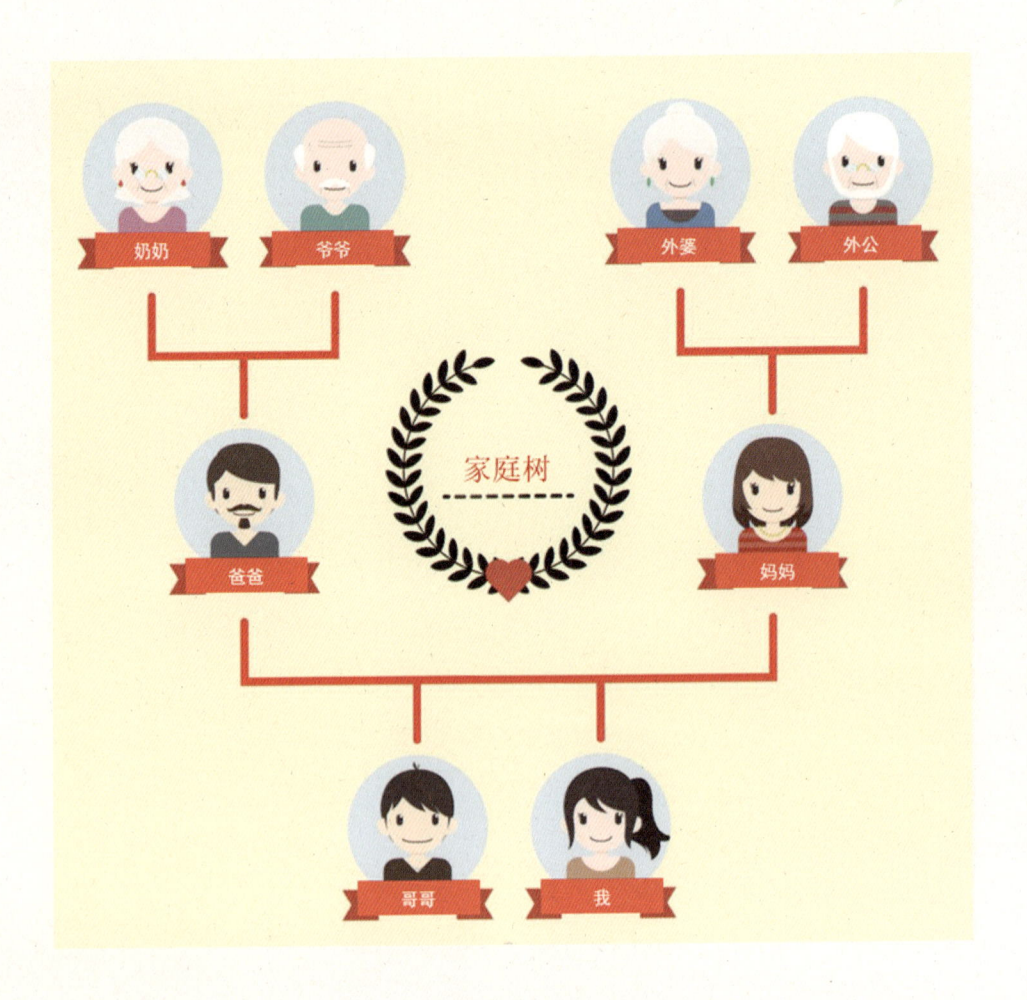

关系等。家庭中人与人的和谐关系是人的内在的思想、品德、情操与外在的体态、言谈举止的统一，是内外结合的统一的和谐关系，表现为"内在的美"与"外在的美"两个方面。

（2）家庭中人与环境的关系

除了家人与我们朝夕相处之外，我们也离不开"家"这个生活环境。这个环境包括居室、庭院、家具等。优美的家庭环境也是家庭美的重要组成部分。家庭环境之美既体现在环境本身上，也体现在人与环境的关系上，这就涵盖了人们美化环境的态度和行为。因此，劳动美也是家庭美的重要组成部分。

家庭中人与环境的关系之美，同样表现为人与家庭环境的和谐。家庭中人与环境的和谐，既表现为家庭环境自身的和谐，如家居的色调、布局的协调，也表现为家庭成员的特点与家庭环境布置的协调，如将家庭成员的爱好融入家庭环境的布置中。温馨舒适的家居风格、干净整洁的家居布置都是家庭中人与环境关系之美的体现。人与环境的和谐之美是人们劳动的结果，因此，小至家庭大至国家，都需要我们通过辛勤的劳动来创造。

图 1-8　一起动手创造家之美

2　家庭美的特征

家庭美的重要特征是和谐，具体来说，就是人与人以及人与环境关系的和谐。

（1）家庭中人与人关系的和谐

家庭中人与人关系的和谐，表现为尊老爱幼、男女平等、夫妻和睦、兄弟情深、邻里团结等，这些也是中华民族的传统家庭美德。

与长相好看的"外在美"不同，美德强调的是"内在美"，也就是与人相处时表现出的那种精神、品德、修养等内在因素的恰当和完善。处理家庭中的人际关系，如果体现了恰当和完善，就会表现出和谐，因而会让人感到很美，反之则不美。下图中，母亲给孩子削瓜，孩子给母亲打扇，这种母女相互关爱

图 1-9　你给我削瓜，我给你打扇

的和谐画面，正是家庭关系恰当和完善的体现。

和谐是家庭中人与人关系之美的核心，这就要求我们做到心灵纯洁、语言真诚、行为得体、人情意浓、家风优良。

心灵纯洁，是人的精神世界的和谐，是以真为基础、以善为灵魂、以美为形态的真、善、美的统一。"心灵美"一词来源于古希腊哲学家柏拉图，他说"心灵的优美与身体的优美谐和一致"是"最美的境界"。心灵纯洁是需要通过语言和行为来表现的。

语言真诚，就是说话时热情大方而不虚情假意，讲究礼貌用语。说话准确、鲜明、生动、和气、文雅、谦逊、有礼貌，就会给人留下平易近人的印象，容易与人建立起和谐的关系。

行为得体，就是人的行为、举止恰当合适。什么样的行为是得体的呢？有利于家庭和谐的行为就是得体的，否则就不得体。行为得体具有鲜明的直观性，能够激起人们强烈的情感波澜。行为得体是在与人的交往中体现出来的。

> 家之兴替，在于礼义，不在于富贵贫贱。
> ——［宋］陆九渊

人情意浓，集中表现在人与人之间的爱、友谊、理解、同情、怜悯、互助、怀念、谦让、礼仪等方面。爱是人情的核心。家庭中的人情，主要体现为父母子女之爱、兄弟姐妹之爱、邻里之爱等，这些都是对和谐的家庭关系的具体阐释。邻里之间在对方遇到困难时伸

图1-10 伸出援手

出援手，既帮助了别人，自己也体会到了"赠人玫瑰，手留余香"的快乐。

家风优良，是家庭积极、向上、健康、和谐的风貌的集中体现。家风是家庭长期培育形成的一种文化和道德氛围，有着强大的感染力量，是家庭和谐的重要体现。家风可以理解为家庭的风气，可以看作一个家庭的传统或者文化。好的家风不是一两天就能够形成的，它需要长期的"润物细无声"。

和谐的家庭关系，不仅能营造出家庭之美，更是邻里和睦、社会和谐的基石，因此，家庭关系也与社会和谐息息相关。

（2）家庭中人与环境关系的和谐

家庭中的居住环境是按照家庭成员的兴趣和爱好来进行布置与装饰的，将居住环境进行合理的布局与整理，并使它与家庭成员的个性、喜好融合在一起，就能体现家庭中人与环境的和谐。

居住环境的协调布置表现为居室美。居室的陈设布置是人的第二容貌，能恰当地反映出家庭成员的精神风貌、审美情趣、学识修养、想象力和创造力。居室美包括和谐的整体色调、恰当的排列组合、漂亮的装饰等，能给人带来方便、舒适、美的享受，从而达到使用合理、美观雅致的目的。

我们应该将家庭这个"小家"的家居布置，与社会这个"大家"的环境保护结合起来，致力于创造"家"和"国"的美好环境！

图 1-11　家居美

图 1-12　国家美

3　家庭美的分类

古代有一本记录先秦礼仪制度的书叫《礼记·礼运》,其中有这样一句话:"父子笃,兄弟睦,夫妇和,家之肥也。"意思就是说,父子之间心意诚厚,兄弟之间和睦相处,夫妻之间和和美美,家才能兴旺发达。这是对家庭成员和睦相处的描述,表现了亲情美、家风美。此外,家庭美还包括环境美和劳动美。

父子笃,兄弟睦,夫妇和,家之肥也。
——《礼记·礼运》

图1-13　"和"

（1）亲情美

亲情美是家庭成员之间的关系之美。亲情是相互的，不是单向的。爱是亲情美的情感基础。亲情美主要包括夫妻关系之美、亲子关系之美和兄弟姐妹关系之美。

夫妻关系之美

相爱的夫妻双方天然就是和谐的典范，因此夫妻关系之美最具有代表性。

和谐的夫妻关系是幸福家庭的基础。相敬如宾、相亲相爱就是和谐的夫妻关系。文坛伉俪钱锺书和杨绛携手走过风雨六十三年，诠释了婚姻的真谛。他们之间不仅有相爱相守的小爱，更有相互鼓励、为国付出的大爱。1938年，钱锺书完成国外学业准备回国，但旁人都劝他待在国外，等国内局势稳定再回来。唯独杨绛支持钱锺书的决定，毅然陪同他回国，一同为祖国的建设贡献自己的力量。这是爱情力量的升华，是最值得讴歌的夫妻关系。

图1-14 文坛伉俪——钱锺书与杨绛。
图片来源：杨绛.我们仨[M].北京：生活·读书·新知三联书店，2003

图 1-15　孩子为父亲系领带。图片来源：电影《当幸福来敲门》视频截图

亲子关系之美

亲子关系之美首先表现为父母对子女的呵护与关爱。父母的爱是天地间最伟大的爱，自从我们呱呱坠地来到这个世界，父母的爱就伴随着我们，直到永远。

亲子关系之美还表现为子女对父母的关爱。人们常说"父慈子孝"，意思是父母要关爱自己的子女，而子女也应当孝顺自己的父母。因此，美的亲子关系是一种双向的和谐关系，就像电影《当幸福来敲门》中所演绎的那样，观影者会为父子俩相依为命与互相爱护的亲情所深深感动。

一　什么是家庭美

图 1-16　手足情深

兄弟姐妹关系之美

兄弟姐妹关系之美就是兄弟姐妹之爱，主要表现为相互谦让、互帮互助、团结友爱。兄弟姐妹就好像一棵大树上长出的不同枝干，各自朝着不同的方向生长，但唇齿相依，血脉相连。兄弟姐妹之间应该相互谦让、相互照顾，这样才能维持健康和谐的亲密关系。

（2）家风美

家风体现家庭的整体道德风貌，包括家庭成员的处事原则、风俗习惯和生活作风等。美的家风包括恰当的家庭行为准则、和谐的家庭及邻里风气等。在家风的形成过程中，家长处于非常重要的地位，也就是说家庭教育对家风的形成非常重要。通过家风的影响，使子女具有家庭美德，从而成为一个对家庭和社会有用的人。

朱子家训

朱柏庐先生治家格言

黎明即起,洒扫庭除,要内外整洁;既昏便息,关锁门户,必亲自检点。一粥一饭,当思来处不易;半丝半缕,恒念物力维艰。宜未雨而绸缪,毋临渴而掘井。自奉必须俭约,宴客切勿流连。器具质而洁,瓦缶胜金玉;饮食约而精,园蔬愈珍馐。勿营华屋,勿谋良田。

图1-17 《朱子家训》节选

图 1-18 布局合理的居室

（3）环境美

环境美指的是居室的和谐，主要体现在居室布局合理、色调宜人、装饰得当三个方面。居室布局合理是从居住适用和方便的角度出发，追求整体和谐，尽可能做到基调清晰、主次分明、彼此呼应，且富于变化。色彩能给人以美的享受，人们可以利用色彩装点和创造舒适而优美的环境。装饰是对生活用品或生活环境进行艺术加工的手法，家庭装饰是为了增加居室美观度，以达到我们想要的完美居住效果。

(4) 劳动美

马克思说:"劳动创造了美。"劳动是家庭生活的重要组成部分。家庭劳动不仅可以锻炼身体、清洁美化环境,更是维系和谐家庭关系的重要手段。因此,劳动能使人身心愉快,从而表现为劳动美。

劳动之美还体现为家庭成员通过努力,创造更美好的生活条件的奋斗过程。这种劳动之美也是国家强盛、民族富足的宝贵精神财富。

图 1-19 一起做家务

二

勤俭家风慈母训，他年富贵莫忘贫
——家风之美

家风正则后代正，则源头正，则国正。

——[清]曾国藩《家书》

图 2-1　曾参杀猪

古时候，曾参的妻子为了安抚儿子，使其不再哭闹，哄骗他听话就杀猪做肉给他吃。曾参知道后，毅然将猪杀掉，希望以此为儿子树立"言出必行"的榜样。

1　什么是家风之美

图 2-2　家风的传递

习近平总书记说，家庭是社会的基本细胞，是人生的第一所学校。不论时代发生多大变化，不论生活格局发生多大变化，我们都要重视家庭建设，注重家庭、注重家教、注重家风。

家风是一个家庭的风气、风格与风尚。每个家庭都有自己独特的风气。"一粥一饭，当思来之不易"体现了勤俭节约的家风；"生命不可能从谎言中开出灿烂的鲜花"体现了诚实守信的家风；"老吾老以及人之老，幼吾幼以及人之幼"体现了尊老爱幼的家风……

家风之美是一个家庭或家族形成的良好、和谐的家庭风气，家人乐于遵守家规并为此感到身心愉悦。通俗地讲，家风之美就是好家风。好家风主要体现为家人知礼节、懂规矩、做人诚实、敬老爱幼等。好家风的形成需要好的家庭教育，只有接受好的家庭教育，孩子才会知道如何与平辈相处、如何跟长辈

> 古人所谓以清白遗子孙，不亦厚乎！又云："遗子黄金满籯，不如一经。"
>
> ——[梁]徐勉《诫子崧书》
>
> 翻译：古人说："把清白留给子孙，不也够丰厚的吗？"又说："留给子孙黄金满筐，不如教他们学好一本经书。"

相处、如何为人处世……

好家风不是一朝一夕就可以形成的，而是要经历几代，甚至十几代人的努力才能积累沉淀下来。家风不仅是家庭得以延续和发展的精神支撑，也是中国传统文化的重要组成部分，是传承传统文化、弘扬中华民族精神的重要载体。尊老爱幼、诚实守信、谦敬礼让、勤俭持家、邻里和睦等传统美德是家风美的重要体现。

在中国历史上，拥有好家风的家族很多。魏晋南北朝时期的颜之推把治家有道、兄弟和睦、勤勉学习的家风写在《颜氏家训》一书中；北宋时期的司马光把修养心性、为人处世的家风记录在《温公家范》中；明末清初的朱柏庐家族将严于律己、以礼待人的家风渗透在朱氏家族成员的一言一行之中。

好家风能在一个家族延续几代甚至几十代，使一个家族中名人辈出，勾画出一个个家族传奇故事。

清朝末期"第一名臣"曾国藩一生勤勤恳恳，对自身要求严格，对待家人更是如此。曾家形成了勤奋、简朴、求真、务实的好家风。曾国藩常年在外行军打仗，不能陪在家人身

图 2-3 《颜氏家训》：中华书局，2016

> 人之气质，由于天生，本难改变，惟读书则可变化气质。
> ——[清]曾国藩《曾文正公家训》
>
> 翻译：人的气质是天生的，本来难以改变，只有读书才能让它发生改变。

边，他通过书信的形式告诉家人如何做人、做事。一封封家书，承载着曾家的家风。他在给儿子曾纪泽、曾纪鸿的信中说，江山易改，本性难移。然而勤读书可以改变气质，陶冶情操。立志读书，事事有恒，便可以脱胎换骨。他在给儿女的信中还要求女儿每人每年要给父亲做一双鞋子；要求儿子不要凭借父亲的地位，在外摆出一副少爷的架子，要低调做人。

曾国藩后人已绵延至第八代，在这240多位曾家后人中，人才辈出，曾国藩的大儿子曾纪泽是我国著名的外交家、书法家；二儿子曾纪鸿是我国著名的数学家。他的曾孙辈大都到英、美等国留学，学成归来报效祖国，有的成为铁路工程师、公路工程师，有的成为电气工程师、无线电专家或骨科专家等。

好家风是中华民族的传统美德，是促进家庭和睦、亲人相亲相爱、后代健

曾国藩语录

名节至大，不可妄交非类。

乱世之名，以少取为贵。

宁可忍耐而死，不可向利而生。

务名者害其身，多财者祸其后。

俭以养廉，誉洽乡党；

直而能忍，庆流子孙。

故吾人用功，力除傲气，

力戒自满，毋为人所冷笑，乃有进步也。

图 2-4 曾国藩语录

康成长的调味剂，是使千千万万个家庭成为促进国家发展、民族进步、社会和谐的中坚力量的重要基础。

家训是家风的主要载体，分为书面的和非书面的。历史上著名的家训有《颜氏家训》《朱子家训》等。家风之美可以体现在具体的家训内容之中。

（1）爱家爱国

爱家是最基本的家风要求，也是家风之美最直接的体现。"家是小的国，国是千万家。"爱国是每个公民应尽的责任和义务，也是国家中每个家庭应该具备的价值观。《傅雷家书》中提到："要有一颗赤子之心，要心怀祖国，因为祖国是生你养你的地方；不说对不起祖国的话，不做对不起祖国的事，不入他国国籍。""没有国哪有家，没有家哪有我。"

（2）明事知礼

明事是指明白事情的道理，知礼是指懂礼貌。《论语》中提到："不学礼，无以立。"就是说不学会礼仪，就难以有立身之处。中国自古就有"礼仪之邦"的美称，无论你是在家里还是在家外，都应遵循明确的礼仪要求，如对待长辈要尊敬和孝顺，对待兄弟姐妹要谦让和友爱，对待邻居要热心和乐于帮助。

陈亢问于伯鱼曰："子亦有异闻乎？"对曰："未也……他日，又独立，鲤趋而过庭。曰：'学礼乎？'对曰：'未也。''不学礼，无以立。'鲤退而学礼。"

——《论语·季氏》

翻译：陈亢问孔鲤："您在老师哪里受到什么特别的教诲吗？"孔鲤说："没有……他日，父亲又独自站在堂上，我快步从庭前走过，他问道：'学《礼》了吗？'我回答说：'没有。'他说：'不学《礼》，就不懂得怎样立身。'我回去就学《礼》。"

（注：孔鲤是孔子的儿子，这里的"老师"和"父亲"均指孔子。）

（3）尊老爱幼

《颜氏家训》中说："凡与人言，称彼祖父母、世父母、父母及长姑，皆加尊字，自叔父母已下，则加贤字。""兄弟者，分形连气之人也……虽有悖乱之人，不能不相爱也。"就是说，晚辈要尊敬长辈，跟长辈说话要用尊称。兄弟姐妹是气息相通的人，哥哥姐姐要爱护弟弟妹妹，兄弟姐妹之间要和睦相处。尊老爱幼体现了处理不同层次的人与人之间关系的行为准则，有利于建立和谐的互敬、互爱、互相帮助的人际关系。

（4）诚实守信

《增广贤文》中说："许人一物，千金不移。""一言既出，驷马难追。""人而无信，百事皆虚。"诚实守信是指做人要真诚，要讲信用，不能言而无信。诚实守信是维持良好人际关系的重要纽带，是人格中宝贵的精神品质。

> 万事须以一诚字立脚跟，即事不败。未有不诚能成事者。虚伪诡诈，机谋行径，我非不能，实不为也。
> ——[明]王汝梅《王氏家训》
>
> 翻译：万事都必须以"诚"字立足，这样就可立于不败之地。没见到不诚的人能够成事的。虚伪诡诈，权谋手段，我不是不会使，而是不使。

（5）助人为乐

《钱氏家训》中言："岁饥赈济亲朋，筹仁浆与义粟。""信交朋友，惠普乡邻。恤寡矜孤，敬老怀幼。"也就是说，在饥荒的时候，要帮助处于饥饿中的人；用诚信结交朋友，把恩惠遍及乡邻；救济鳏寡，怜惜孤儿，尊敬老人，关心小孩。帮助他人，尤其是帮助那些弱势群体，既体现了我们的怜悯之心，也能使我们感受到帮助他人带来的快乐。

（6）勤劳节俭

司马光在教子节俭的《训俭示康》中不仅要求儿子自身应当践行简朴的生活作风，而且还应当教育他的子孙，使他们懂得先辈们简朴的家风。提倡勤劳节俭的工作作风和生活作风，反对游手好闲和铺张浪费的不良习惯，是家庭欣欣向荣的重要基础，也是家风之美的体现。

> 顾人之常情，由俭入奢易，由奢入俭难。
> ——[宋]司马光《训俭示康》
>
> 翻译：因此，人之常情，总是由俭入奢容易，由奢入俭艰难。

> 好家风包括了礼让、诚实、孝顺、勤奋……下面我们就来欣赏关于好家风的故事吧！

2　感受家风之美

四知拒金——廉政爱国

杨震

　　？—124 年，字伯起，弘农华阴（今陕西华阴）人，东汉时期的名臣，著名学者。他 50 岁开始做官，为官清廉，两袖清风。

　　东汉人杨震，做过荆州刺史，后调任为东莱太守。他去东莱上任时路过昌邑，昌邑县令王密是杨震任职荆州刺史时举荐过的官员。为报答当年的提携之情，王密便在晚上给杨震送去十斤黄金的厚礼。杨震拒而不收，王密说："现在是深夜，没有人知道。"杨震却说："天知，地知，我知，你知，怎么能说没有人知道呢？"王密听后很惭愧。后来，杨震"四知拒金"的故事流传开来，后人称杨震为"杨四知""四知太守""四知先生"。

　　《后汉书·杨震传》中记载："性公廉，不受私谒。子孙常蔬食步行，故旧长者或欲令为开产业，震不肯，曰：'使后世称为清白吏子孙，以此遗之，不亦厚乎！'"意思是说，杨震本性公正廉洁，不肯接受私下的拜见。他的子孙常吃蔬菜，步行出门，他的老朋友中有年长的人让他为子孙开办一些产业，杨震不答应，说："让后世人称颂他们是清官的子孙，把这个馈赠给他们，不也很优厚吗？"

图 2-5 四知拒金

　　杨震家门四世清白，廉洁奉公。他的儿子杨秉，孙子杨赐，曾孙杨奇、杨彪，个个为官廉正。杨震留给子孙清廉爱国的好家风，千古传颂。①

　　　　杨震为官廉正，两袖清风。他以身作则，为子孙后代树立了榜样，由此形成了优良的家风。

注释
①人民日报评论部.习近平讲故事［M］.北京：人民出版社，2017.有删改。

司马光家训——兄友弟恭

司马光
1019—1086年，字君实，陕州夏县（今山西夏县）涑水乡人，世称涑水先生，北宋政治家、史学家、文学家。司马光生平著作甚多，其家训记载于《温公家范》中。

司马光是北宋著名的史学家，他经常通过一些故事来启发子女们做到兄友弟恭，维护家庭和睦。

在司马光编写的《温公家范》"弟"篇中，他以唐英公李勣（jì）为例，讲述了姐弟情深的感人故事。李勣是唐朝时期的一位大官，在姐姐生病时他亲自为姐姐烧火煮粥，以致火苗烧了他的胡须和头发。姐姐劝他说："你的妾那么多，为何自己还要这样辛苦？"李勣回答说："这些事仆人就可以做，只不过姐姐现在年纪大了，我也老了，即使想长久地为姐姐烧火煮粥，又怎么可能呢？"

在"兄"篇中，司马光以舜为例，塑造了一个为人兄长的光辉形象。舜的母亲很早就去世了，舜的父亲便续娶了一个妻子，继母生了一个儿子名叫象。一次，舜独自一人在打井，父亲和弟弟打算把舜埋进井里，舜有所警觉，就提前打通了另一条通道，最后幸免一死。然而，舜对弟弟没有丝毫怨恨，反而做到"象忧则忧，象喜则喜"，即弟弟难过他也难过，弟弟高兴他也高兴。最后舜的行为感动了父亲和弟弟，他们再也不谋害舜了。

通过一个个生动、鲜活的故事，司马光把父母、子女、兄弟等关系做了合理的解释，为营造司马光家族的家风打下了坚实的基础。[1]

注释

[1]翟博.中国家训经典[M].海口：海南出版社，2002.有删改。

图 2-6 舜与父亲、弟弟和好

兄弟姐妹之间应相亲相爱,司马光用典故来启发、教育子女养成兄友弟恭的优良品质,这也是家风之美的体现。

隐藏的分数——诚实

动画片《富兰克林的考试》中讲述了这样一个故事:为了在英语单词听写的考试中获得好成绩,富兰克林把比较难记的一个单词写在纸条上,塞进自己的帽子里。考试中他果然想不起这个单词,就把帽子摘下来偷看了一下纸条,结果他得到了满分,获得了一支钢笔作为奖励。他的好朋友因为没有写对这个单词,未获得奖励,但在偶然知道了真相后,对富兰克林表达了不满,从而影响到他们之间的关系。回到家后,富兰克林闷闷不乐,爸爸在得知情

图 2-7　富兰克林向老师交回钢笔。图片来源：动画片《富兰克林的考试》视频截图

况后，并没有对他进行斥责打骂，而是耐心地开导富兰克林反思自己的行为，鼓励他勇敢承担责任。后来，富兰克林主动向老师承认了错误并归还了获得的钢笔，他因此也重拾了好朋友的信任，两人也重归于好。

人都是会犯错的，小孩子更容易犯错。勇于承认错误并及时改正，同样是家风之美的重要体现。

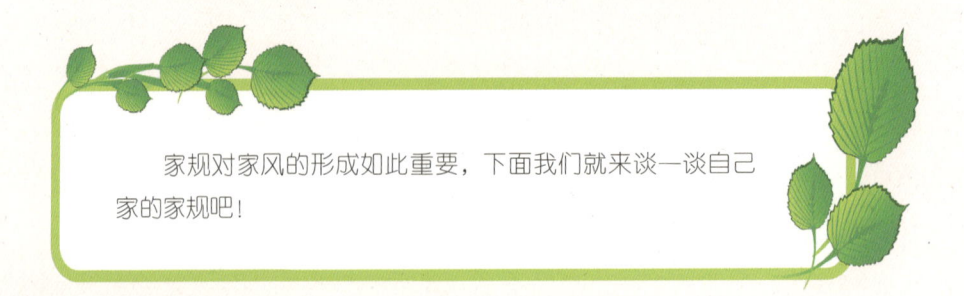

家规对家风的形成如此重要，下面我们就来谈一谈自己家的家规吧！

032　天伦乐事——家庭美

3 美的实践园

实践一

想一想：爸爸妈妈经常教育你要养成哪些良好的习惯，再问一问他们有哪些良好的习惯是爷爷奶奶、外公外婆教导他们做的。请把这些好的习惯写下来吧！

实践二

为了让你养成良好的生活习惯，爸爸妈妈有没有给你订立书面或口头的行为准则呢？如果有，请把它们写下来；如果没有，请你自己为自己和父母订立几条必须遵守的行为准则吧！

实践三

如果你在日常生活中犯了错误,爸爸妈妈是怎样纠正你的错误的?如果你认为他们的做法不妥,你有什么好的建议?请写下你的建议或感想。

图 3-1 孟郊与母亲

　　唐代诗人孟郊为赞颂伟大的母爱，创作出了传颂千古的《游子吟》。

谁言寸草心，报得三春晖
——亲子关系之美

慈母手中线，游子身上衣。
临行密密缝，意恐迟迟归。
谁言寸草心，报得三春晖。

——［唐］孟郊《游子吟》

1　什么是亲子关系之美

亲子关系是父母和子女之间的关系。亲子关系之美就是父母和子女的和谐关系。简单地说，亲子关系之美的表现就是尊老爱幼，即在生活中父母照料、关爱自己的子女，子女尊重、孝顺、感恩父母。

在不同的历史时期，人们对和谐的亲子关系有不同的理解。在古代，父母在家庭中具有绝对的权威，父母的命令不能违抗，子女的学习、生活大事，包括子女的婚姻大事，均由父母做主。这种关系在当今社会已不合时宜。

在现代家庭中，父母与子女的和谐关系有了不同的内涵。父母在生活、学习习惯、与人相处等问题上严格要求子女，在决定与子女有关的重要事情上，应听取子女的意见，尊重子女的想法，这样才能营造出和谐、健康的亲子关系。

图 3-2　亲子之情

战国时期著名的思想家韩非曾经说过:"人之情性莫爱于父母。"这句话的意思是:父母和子女之间的亲子之情是世界上最深厚的一种情感,没有其他的感情能够超越。

在日常生活中,有哪些方面可以体现出亲子关系之美呢?

(1) 慈母光辉

在亲子关系中,妈妈与子女的联系最为紧密。妈妈给予子女的爱是无私、伟大的爱。妈妈十月怀胎,赋予了我们生命,把我们带到这个美好的世界,哺育我们成长,教育我们成人。小时候,我们每天和妈妈朝夕相处,妈妈总是能够知道我们喜欢什么、不喜欢什么,也知道我们什么时候高兴、什么时候不高兴。无论我们长多大,在妈妈的眼中,我们永远都是那个长不大的孩子。当我们遭遇挫折、感到孤独、失落无助、气馁灰心的时候,妈妈都会在我们的身边,支持我们,鼓励我们,无怨无悔,倾心付出,永远不会抛弃和离开我们。

图 3-3 母子情深

（2）父子有亲

爸爸在亲子关系中扮演的角色与妈妈略为不同。心理学研究发现，爸爸更喜欢在与孩子们的游戏中培养他们勇敢、乐观、勇于面对挑战的精神。

在家庭中，爸爸会尊重我们的想法，鼓励我们勇敢地表现自己、尝试困难的任务，帮助我们解决问题。爸爸是我们的朋友，他会听我们讲学校发生的趣闻，也会在睡前给我们讲故事。爸爸也是我们的英雄，为我们遮风挡雨，保护着我们，给我们最厚实的安全感。

图 3-4 父子亲情

（3）感恩父母

常言道，乌鸦反哺，羊羔跪乳。意思是说，乌鸦知道长大后照顾自己的父母，小羊知道跪着吃奶表达自己对妈妈的感恩之情。人更应该感恩爸爸妈妈给了我们鲜活的生命和温暖的家，他们含辛茹苦地哺育我们、教育我们。

我们要感恩爸爸妈妈为我们所做的一切，在生活和情感上，多给他们一些关爱和理解，多陪伴他们，多为他们做一点儿事情，如给他们洗洗脚、捶捶背，陪他们散散步、聊聊天……爸爸妈妈用勤劳的双手和坚实的臂膀为我们撑起了一个温馨和谐的家，我们也应该怀着一颗感恩的心去回报他们的爱。

图 3-5　你陪我长大，我陪你变老

在日常生活中，处处都体现着爸爸妈妈对我们的爱和我们对他们的爱，让我们一起来感受一下那些温暖的瞬间吧！

2　感受亲子关系之美

母爱如炬

陶侃
　　259—334年，字士行（一作士衡）。本为鄱阳郡枭阳县（今江西都昌）人，后徙居庐江郡浔阳县（今江西九江）。东晋时期名将。

　　古代有一位著名的将领，名叫陶侃。他四处征战，立下了赫赫战功。在他担任都督的时候，管理着长江下游的大部分地区，拥有很高的地位。当时的荆州城在他的治理下，路不拾遗（指路上没有人把别人丢失的东西捡走），社会风气非常好。陶侃能取得这样的成就，除了他自己的努力外，还离不开母亲对他的支持和教导。

　　陶侃很小的时候父亲就去世了，家境十分贫寒，但陶侃的母亲是一个勤劳俭朴、贤惠明理的人。陶侃的父亲去世之后，母亲只能依靠纺纱织布挣来的钱维持母子二人的生活。为了让陶侃能够学有所成，母亲总是教导陶侃，让他结交比自己优秀的人，多向他们学习，以增长自己的学问和见识。

　　在一个大雪天，鄱阳孝廉（明朝、清朝对举人的雅称）范逵慕名前来拜访陶侃，当晚在陶家留宿。由于家贫，陶侃没有酒水和食物可以招待客人。母亲别的什么都没跟陶侃说，只是让他出去招待客人，自己回到房间把床上新铺的干草扯下来做成了草料，喂给客人的马。她又暗地里剪下自己的一头长发卖给

图 3-6 陶母截发留宾

邻居做假发,换钱买了酒菜,招待范逵和他的随从。

范逵后来知道陶侃母亲的举动后,感慨地说:"只有如此贤惠的母亲,才能养育出这么优秀的儿子啊!"从陶侃后来的成就,可以看出母亲对他的教育和影响是多么重要!

> 陶侃的母亲为后世树立了一个很好的榜样,靠自己勤劳的双手和坚强的意志,以身作则地教育孩子,养育孩子成人成才。陶侃也没有辜负母亲的期望和教导,勤奋好学,最终成为一位廉洁的官员,造福地方百姓。

父爱如山

著名作家朱自清在1925年写下了一篇散文《背影》，描写他眼中的父爱：1917年，朱自清祖母去世，父亲也刚刚卸任徐州烟酒公卖局局长，父子二人一起回家奔丧。办完丧事，父子一同回到南京，20岁的朱自清此时要离开南京去北京，于是父亲送他到浦口火车站。

作者在文中回忆起自己在车上坐定之后，父亲要为他去买橘子。但买橘子"须穿过铁道，须跳下去又爬上去"。父亲比较胖，且年事已高，跳下去又爬上去的动作对于他来说十分吃力。看着父亲蹒跚的背影和艰难的动作，作者不禁潸然泪下。朱自清用朴素的文字把父亲对孩子的爱表达得深刻细腻、真挚感人，用平凡的小事表现了父亲的关怀和爱护，令人动容。

走到那边月台，须穿过铁道，须跳下去又爬上去。父亲是一个胖子，走过去自然要费事些。我本来要去的，他不肯，只好让他去。我看见他戴着黑布小帽，穿着黑布大马褂，深青布棉袍，蹒跚地走到铁道边，慢慢探身下去，尚不大难。可是他穿过铁道，要爬上那边月台，就不容易了。他用两手攀着上面，两脚再向上缩；他肥胖的身子向左微倾，显出努力的样子。这时我看见他的背影，我的泪很快地流下来了。我赶紧拭干了泪。怕他看见，也怕别人看见。我再向外看时，他已抱了朱红的橘子往回走了。过铁道时，他先将橘子散放在地上，自己慢慢爬下，再抱起橘子走。到这边时，我赶紧去搀他。他和我走到车上，将橘子一股脑儿放在我的皮大衣上。于是扑扑衣上的泥土，心里很轻松似的。过一会说："我走了，到那边来信！"我望着他走出去。他走了几步，回过头看见我，说："进去吧，里边没人。"等他的背影混入来来往往的人里，再找不着了，我便进来坐下，我的眼泪又来了。

——《背影》节选

图 3-7　背影。图片来源：05 版北师大版《语文》七年级上册《背影》一文

> 孝子之至，莫大乎尊亲；尊亲之至，莫大乎以天下养。
> ——孟子

  其实在"买橘子"事件之前，朱自清与父亲的关系并不是很和谐。朱自清出身官宦世家，祖父与父亲都是当官的，但后来父亲朱鸿钧丢了功名，赋闲在家，积郁成疾，性情大变，全家的经济都靠朱自清支撑。再加上朱自清远赴上海等地教书，让朱鸿钧很生气，久而久之父子之间的感情就出现了裂痕，几乎陌生，但朱自清仍每月寄钱回家。

时间到了1925年,朱鸿钧年过半百,身体每况愈下,年老的父亲惦记起远方的儿子,最终按捺不住思念之情,放下身段主动给朱自清写了一封信。信中有言:"我身体平安,惟膀子疼痛厉害,举箸提笔,诸多不便,大约大去之期不远矣。"读到此处,朱自清不免伤怀,又念起父亲的好,于是有感而发,写下了这篇《背影》。

后来,上海开明书店出版了朱自清的散文集,其中就有《背影》一文。朱自清的三弟看到大哥的散文集,就拿回家给父亲看。此时的朱鸿钧已重病缠身,行动不便,他躺在床上读完了儿子的散文,老泪纵横,父子二人也自此冰释前嫌。[1]

> 《背影》之所以能够深深地打动我们,是因为全文充满了父亲对儿子仁慈的至爱,字里行间渗透着儿子对老父无限眷恋的深情。应该说,朱自清细腻地刻画了"背影"里的父爱,又在文中寄托着对老父的思念。父子之爱,人间亲情,表达得十分纯真、动人。

感恩父母

在2014年"感动中国"的十大人物中,有一位名叫朱晓晖的平凡而朴实的姑娘。朱晓晖原是报社的一位文字工作者,然而,2002年的一场变故改变了她的命运,朱晓晖的爸爸患上了弥漫性脑梗死,瘫痪在床,失去了生活自理能力。为了更好地照顾爸爸,朱晓晖辞掉了报社的工作;为了支付巨额的治疗费用,她毫不犹豫地卖掉了自家的房子,还欠下一身债务。后来,朱晓晖的丈夫带着

注释

[1] 节选自《朱自清的〈背影〉里不仅有"买橘子"的梗,还有这个感人故事》,有删改。

图 3-8　朱晓晖喂父亲吃饭。图片来源：2014年度CCTV感动中国人物颁奖盛典视频截图

孩子离开了她。没有房子也没有钱，父女俩只能在社区的车库里落脚，这一住就是13年。

　　朱晓晖是一个很有才华的姑娘，一直热爱诗歌创作，她的诗歌在全国获得过很多奖项。爸爸生病前，她的爱好是读诗和写诗；爸爸生病后，她看得更多的是医学护理和养生方面的书籍。老人瘫痪在床后，腿脚不便，大小便也不能控制，朱晓晖每天都要给他擦洗身体。在女儿的悉心照料下，老人卧床13年都没有得过褥疮。而常年的操劳和担忧，让这个不过40出头的女子，早已满头白发，面色憔悴。

三　谁言寸草心，报得三春晖

朱晓晖辞去工作后，维持父女俩生活的唯一经济来源是老人每个月1000多元的养老保险金。朱晓晖认为父亲治病的开销是不能省的，所以自己的日常生活十分节俭，平时舍不得买好菜，就只能去菜市场捡别人不要的菜来吃，更是常常用咸菜就着米饭度日。虽然生活环境艰苦，但朱晓晖一直努力让爸爸生活得更舒适一些。老人心疼女儿，认为自己拖累了女儿，常常愧疚痛哭。

除了每天照顾爸爸的起居外，朱晓晖在周末还有一项重要的工作，就是给三四个"债主"的孩子补习。其实，所谓的"债主"，都是曾经资助过他们父女二人的亲朋好友。对于别人的帮助，朱晓晖没有觉得理所应当，而是感恩在心，尽自己所能去回报他们，她也在用自己的行动把爱和善意传递给更多的人。①

> 朱晓晖对生病的父亲不离不弃，始终陪伴其左右，让年迈的父亲拥有了一个不孤独的晚年。她说这是一个女儿应该做的，父母困难的时候正是应该回报他们的时候。她用实际行动证明了她的孝心和对帮助过自己的人的感恩之心，值得我们歌颂、赞扬和学习。

读了这么多生动、感人的故事，接下来让我们开动脑筋想一想，要做些什么才能表达我们对爸爸妈妈的爱呢？

注释

① "最孝女儿"朱晓晖[J].中学生阅读（高考版），2016（5）.有删改。

3　美的实践园

实践一

你理解爸爸妈妈为了家庭的辛苦付出吗？请你在爸爸妈妈下班回到家之后，为他们端上一杯水或是递上一块热毛巾，给辛苦工作了一天的爸爸妈妈捶捶背、捏捏肩，并把想对他们说的话写下来。

实践二

我们在过生日时都会收到爸爸妈妈的礼物。你知道爸爸妈妈的生日是哪一天吗？请把你最想送给爸爸妈妈的生日礼物写下来，并说明原因。当然，这个礼物并不一定是用钱买到的。

> 实践三

　　平时都是爸爸妈妈在想方设法地了解我们喜欢什么、不喜欢什么，可是我们却没有花心思去了解过他们。跟爸爸妈妈谈一次心，了解一下他们的喜好，倾听一下他们的心事。请把你想问爸爸妈妈的问题写下来。

四

人有悲欢离合，月有阴晴圆缺，此事古难全。
但愿人长久，千里共婵娟。

——［宋］苏轼《水调歌头·明月几时有》

图 4-1 孔融让梨

"孔融让梨"是一个家喻户晓的故事。这个故事告诉我们，兄弟姐妹之间要相互谦让、相互尊敬，学会照顾他人的感受，这样才能营造其乐融融的兄弟姐妹之情。

但愿人长久，千里共婵娟
——兄弟姐妹关系之美

1 什么是兄弟姐妹关系之美

兄友弟恭的和谐关系是孔融让梨这个故事的主要精神。清朝的周希陶曾说:"父子和而家不退,兄弟和而家不分。"这句话说的也是兄弟姐妹关系的和谐,也就是兄弟姐妹关系之美。

兄弟和睦是中华民族的传统美德,但是在不同时期它的具体表现有所不同。在古代,兄弟姐妹之间的关系强调长幼有序,意思是弟弟妹妹要听从于哥哥姐姐,这是为了在家庭生活中形成一种规矩与秩序,避免家庭矛盾。

当代对兄弟姐妹关系的理解则有所不同。现在的兄弟姐妹关系强调互助和平等。家庭中兄弟姐妹如何相处,才能构建和谐的兄弟姐妹关系呢?具体来说,和谐的兄弟姐妹关系主要表现为相互谦让、互帮互助、团结友爱三个方面。

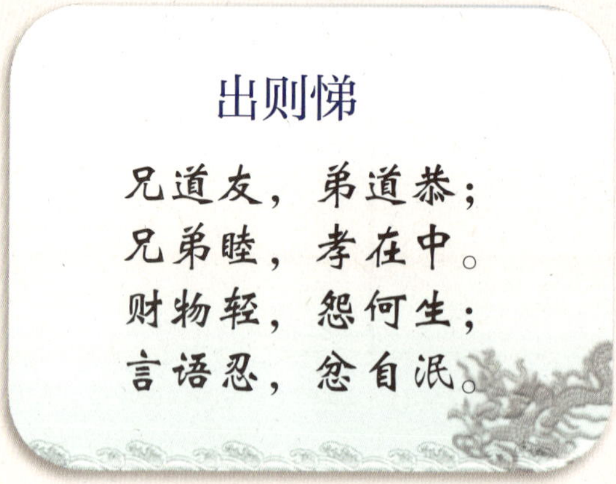

出则悌

兄道友,弟道恭;
兄弟睦,孝在中。
财物轻,怨何生;
言语忍,忿自泯。

图 4-2 中国传统兄弟礼仪

（1）相互谦让

谦让，是中华民族的传统美德。《荀子·修身》中说："人无礼则不生，事无礼则不成，国无礼则不宁。"这就是说，人不守礼就没法生存，做事没有礼就不能成功，国家没有礼就不得安宁。兄弟姐妹相处也需要礼仪，相互谦让是礼的很重要的一个方面。

> 礼貌使有礼貌的人喜悦，也使那些受人以礼貌相待的人们喜悦。
> ——孟德斯鸠《论法的精神》

孔融在4岁的时候就知道把大的梨让给弟弟和哥哥们，这是兄弟姐妹相互谦让的典范。从这个故事中我们可以看到，兄弟姐妹之间的相互谦让，会让家庭变得温暖而有秩序。每个父母都希望自己的孩子们和睦相处，而不是吵吵闹闹、你争我抢。只有兄弟姐妹之间相互谦让、相互关心、相互帮助，整个家庭才会有融洽的气氛，家庭成员才会倍感幸福。

图4-3 一起分享

图 4-4　共同玩耍

　　假如你是哥哥或姐姐，应该给弟弟妹妹起到好榜样的作用，帮助父母做力所能及的事情，学会照顾弟弟妹妹，不与他们斤斤计较，更不要因为他们比自己小就随意指挥他们，要把弟弟妹妹放到与自己平等的位置。当弟弟妹妹求教或请求帮忙时，应该耐心解答或帮助，不要敷衍或者厌烦他们。万一与弟弟妹妹发生争吵，应当首先检讨自己，及时与弟弟妹妹沟通，让矛盾消解，做到真正地爱自己的家人。

　　假如你是弟弟或妹妹，要学会尊重哥哥姐姐，不能有"我比你小，你应该让着我"的优越感，更不能娇蛮无理，要学会为他人着想。与哥哥姐姐发生争执时，不要利用自己的得宠地位到爸爸妈妈面前"告状"，以免加深兄弟姐妹间的隔阂。

　　假如只有一个玩具，你和其他兄弟姐妹都想玩，这个时候你要想想自己的兄弟姐妹都是自己最爱的家人，先给他们玩，他们开心了你自己也开心。你在谦让的时候，对方也会从你身上学会谦让的品质，这样矛盾就不存在了。"独乐乐不如众乐乐"，也可以选择一个折中的办法，你们一起玩，这样快乐就不只是一个人的快乐了，而是大家一起玩的成倍的欢乐。

（2）互帮互助

苏联著名的文学家高尔基说："助人为乐乃快乐之本。"在家庭生活中，兄弟姐妹之间也应该互帮互助。一个人要能和别人互助合作，就要从兄弟姐妹之间互助做起，否则，就谈不上家庭和睦，更别说邻里团结、与人友善了。

兄弟姐妹之间的互帮互助体现在哪些地方呢？帮助他人克服困难是互帮互助的第一个方面。假如你是哥哥或姐姐，在弟弟妹妹有困难的时候，应给予及时的帮助。有时候，让弟弟妹妹学会独立解决问题，对他们也是一种帮助。比如，弟弟妹妹摔倒在地，在摔得不重的情况下，可以鼓励他们自己站起来，

图 4-5 姐姐教妹妹做作业

四 但愿人长久，千里共婵娟　057

> 独在异乡为异客，每逢佳节倍思亲。
> 遥知兄弟登高处，遍插茱萸少一人。
> ——王维《九月九日忆山东兄弟》

学会成长。弟弟妹妹为哥哥姐姐的表演、学习点赞叫好，也是互帮互助的体现。

互帮互助的另一个方面是合作分享。在家庭生活中共同分担力所能及的家务劳动，共同装饰家居环境，共同游戏，分享玩具，这些都是互帮互助的体现。

总而言之，家庭不仅仅是家人吃、喝、住的场所，同时也是家人相互依偎的情感港湾。当你身处异乡时，就会有王维所说的"遥知兄弟登高处，遍插茱萸少一人"的那种对兄弟姐妹的思念之情。

多子女家庭要幸福，兄弟姐妹的和睦相处起着举足轻重的作用。所以，兄弟姐妹相处时，要相互谦让、互帮互助，才能营造良好的家庭气氛，使人感受到家庭的幸福和温馨。这样的家庭一定充满了天伦之乐，亲情之花也会美丽绽放。

（3）团结友爱

兄弟姐妹又称为手足，这是说兄弟姐妹之间的关系就像人的手和足一样重要，不可分离。《易经》中说："二人同心，其利断金。"兄弟姐妹要做到团结友爱、齐心协力，就没有克服不了的困难。

> 兄弟敦和睦，朋友笃信诚。
> ——陈子昂《座右铭》

图 4-6 三兄弟与紫荆树

  有这样一个关于兄弟团结友爱的故事：汉朝的时候，一家三兄弟准备平分父母的遗产，其中就包括一棵紫荆树，在三兄弟准备动手把这棵树分割成三截时，树突然枯萎了。大家都感到非常震惊，这时大哥感慨地对两个弟弟说："树木同根，它听到自己要被分割成三份，所以非常难过，就憔悴枯萎了。难道我们人还不如树吗？"三兄弟决定不分家，就这样，树又活了过来。从此，兄弟三家人幸福愉快地生活在一起。

  兄弟姐妹之间不管遇到什么困难都要团结友爱，不能记恨对方，因为同根而生的血缘关系，手足之间的情意总是浓厚的。在生活中，同辈之间的相处会因为性格、性别、兴趣的不同而产生矛盾，这时候应该设身处地地为他人着想，容忍对方的缺点，宽容对方的错误。如果自己做错了事，要勇于承担责任，勇于道歉认错，这样才能消除误会，化解矛盾，从而增进兄弟姐妹间的感情。

我们都知道三个和尚没水喝的故事：一个和尚能够自己挑水喝；两个和尚共同抬水喝；三个和尚因为只顾着自己，互相推诿，反而没有水喝。一旦他们齐心协力，一起挑水、念经，生活也就变得更美好。所以，兄弟姐妹之间要团结起来，并且相互理解、包容，这样才能够使家庭生活幸福美满。

> 在历史长河和现实生活中，有许多典型的体现兄弟姐妹关系之美的故事。接下来，让我们来感受那些温暖人心的兄弟姐妹之情吧！

2 感受兄弟姐妹关系之美

李隆基兄弟谦让皇位

唐朝皇帝唐睿宗有好几个儿子,在确立继承人的问题上他犯了愁,原因是:按照宗法的嫡长制原则,应立长子李成器为太子,况且已经明确宣布李成器为太子,但三儿子李隆基在平息韦氏之乱中立下了大功。于是,唐睿宗犹豫不决,不知立谁为太子好。

这个时候,长子李成器看出了父亲的心事,于是对唐睿宗说:"储副(皇太子)者,天下之公器也,时平则先嫡长,国难则归有功。若失其时,海内失望,非社稷之福,臣今敢以死请。"李成器的意思就是劝父亲唐睿宗立自己的弟弟李隆基为太子,他愿意放弃太子之位。

唐睿宗听了李成器的话,仍犹豫不决。但是,李成器坚持要把太子之位让给弟弟,唐睿宗深为李成器诚心让位所感动,同意了他的请求。弟弟李隆基知道后,"又以成器嫡长,再抗表,固让",意思是不同意"废长立幼"。

就这样,兄弟两人再三谦让,由于李成器的坚持,最后才确立李隆基为皇太子。

图 4-7 花萼相辉楼

李隆基做了太子后，令人制造了一床大被子和一个长枕，与李成器等兄弟同枕共眠，留下了长枕大被的典故。后来，李隆基当了皇帝，就是著名的唐玄宗，命人修建了一座楼，题名曰"花萼相辉楼"，意为兄弟之间的和睦友好就像花和萼那样，不能分离。

在历代皇帝中，唐玄宗重同胞情，兄弟感情深厚，堪称楷模。

> 不管遇到大事还是小事，兄弟姐妹之间都应该具有这样一种谦让的精神。李成器和李隆基兄弟俩的行为就体现了这种和睦的兄弟关系。

团结友爱的苏氏兄弟

"唐宋八大家"中的苏轼和苏辙是两兄弟，他们不仅诗词写得好，兄弟感情也非常深厚，是古往今来少有的典范。

苏轼和苏辙既是兄弟，又是师生；既是诗文唱和的好朋友，也是政治上荣辱与共、肝胆相照的伙伴，还是心灵上相互慰藉的知己。

打开他们的诗词文集，其中很大一部分都是两人的应和之作。苏轼几乎每到一个地方都会给弟弟苏辙（子由）写信赠诗，仅以"子由"为题的诗词就超过100首，诸如"示子由""别子由""和子由诗"等，在中年被罢官后更是如此，而苏辙也常常会写诗回寄给兄长。

苏轼写的《水调歌头·明月几时有》，表达的是在中秋节的时候，他对

> 与君世世为兄弟，更结人间未了因。
> ——苏轼《狱中寄子由二首》

弟弟苏辙的无限思念之情。"但愿人长久，千里共婵娟"是其中广为流传的一句。

苏轼因为"乌台诗案"进了监狱，在狱中给弟弟苏辙写了一首诗，其中有一句表达了他对弟弟的深情。他说只有苏辙这样的人才适合做他的兄弟，所以希望苏辙生生世世都是他的兄弟。

在面临生离死别的时刻，人们最先想到的永远是能给他以精神慰藉与关怀的人，这个人几乎占据着他心中最为重要的位置。对于苏轼来说，这个人便是自己的弟弟。

苏轼在监狱中的时候，苏辙曾冒着生命危险为苏轼通风报信，以期减少兄长的牢狱之灾，他还主动上奏皇帝用削减自己的官职来减轻哥哥的罪责。

世人岂知我，兄弟得我情。
——苏辙《次韵子瞻和渊明饮酒二十首》

公元1101年，苏轼客死异乡。苏辙记住了哥哥在狱中写给自己的诗句，"与君世世为兄弟，更结人间未了因"，10年后，他要求后人把自己葬在哥哥身边。从此，夜夜明月，这对兄弟把酒论诗，永不分离。

苏氏兄弟之情深，常使后人泪满衣襟。很多人听了他们的故事，都被他们浓厚的兄弟情谊所打动。后来，许多古书中都把苏氏兄弟描述成兄弟和睦的典范。

苏轼、苏辙两兄弟即使在遭遇大难时也能做到相互关心、相互支持，这种品质值得我们学习！

爸爸别哭，我要救弟弟

有一个 3 岁的小女孩，她有一个 9 个月大的弟弟。小女孩很喜欢自己的弟弟，没事就会亲亲、抱抱弟弟。

然而，灾难在弟弟 11 个月的时候降临了，弟弟因为反复高烧，被医院诊断出得了一种很严重的血液疾病，必须进行骨髓移植。经过检查，医生认为只有小女孩的骨髓最适合移植给弟弟。骨髓移植非常痛苦，小女孩的爸爸妈妈心里十分煎熬，手心手背都是肉，一边割舍不下儿子，一边又心疼女儿，不愿让女儿也跟着受这份罪。但女儿很坚强，用小手给爸爸擦干眼泪说："爸爸别哭，我要救弟弟。"

每次检查，小女孩都很坚强，从来没有流过眼泪，每次看到爸爸妈妈流眼泪，她都会用小手帮爸爸妈妈擦眼泪。

所有人都被小女孩的坚强所感动，医生和护士经常去鼓励和关心她。小女孩的勇敢和对弟弟的爱被传到了网上，大家纷纷为她点赞。

图 4-8 手足的力量

兄弟姐妹之情，就是这样感人至深。一个 3 岁的小女孩，生动地诠释了伟大而感人的手足之情！

读了以上几个故事，你有没有被感动呢？下面让我们回到自己的生活中来寻找兄弟姐妹关系之美吧！

3 美的实践园

实践一

你与兄弟姐妹之间一定也有相互谦让的故事,请试着写下来吧!

实践二

你的兄弟姐妹是否给你提供过帮助呢？请写一张小卡片感谢一下他们吧！

实践三

请你查找《水调歌头·明月几时有》的全文及相关资料,体会苏轼与苏辙的兄弟情谊,并写下自己的感受。

五

相濡以沫，相敬如宾
——夫妻关系之美

结发为夫妻，恩爱两不疑。欢娱在今夕，嬿婉及良时。
征夫怀远路，起视夜何其？参辰皆已没，去去从此辞。
行役在战场，相见未有期。握手一长叹，泪为生别滋。
努力爱春华，莫忘欢乐时。生当复来归，死当长相思。

——［汉］苏武《留别妻》

图 5-1　赌书泼茶

宋朝女词人李清照和赵明诚是一对恩爱夫妻。每次饭后，两人都要用比赛记忆书中典故的方式来决定饮茶的先后顺序。有时因为赢者太开心，反而将茶水洒了一身。这个故事也因此成了夫妻和睦的千古佳话。

1　什么是夫妻关系之美

夫妻关系之美就是夫妻的和谐。有许多词汇描绘夫妻的这种关系，例如，夫唱妇随、伉俪情深、举案齐眉、琴瑟之好等。和谐的夫妻关系是家庭关系稳定的重要基础。在一个家庭里，爸爸妈妈相亲相爱，孩子才能快乐成长，家庭才会美满幸福。在父母恩爱的家庭中长大的孩子，会获得更多安全感，性格也更活泼、开朗。

夫妻关系和谐表现为夫妻之间相亲相爱、忠贞不贰、互相尊重与信任。丈夫与妻子都遵守对婚姻的承诺，用爱维系二人的亲密关系。夫妻彼此之间都觉得对方是独一无二、不可或缺的。一个幸福的家庭、一段美满的婚姻，是家庭和谐的最大保障。

图 5-2　相亲相爱，相伴一生

要维系和谐的夫妻关系，丈夫不能摆出"夫为妻纲"的大男子主义架势，妻子也不要耍"河东狮吼"的脾气。和谐的夫妻关系一定是平等、互助和互补的。丈夫尊重妻子的爱好，陪她一起追剧；妻子尊重丈夫的兴趣，跟他一起看球……他们对彼此忠诚，是彼此生活中的伴侣，也是彼此工作中的朋友；他们共同承担赡养老人、抚养后代的责任和义务；他们彼此包容和理解，放大对方的优点，包容对方的缺点……这样的夫妻关系是和谐的，也是美的。

（1）相亲相爱

夫妻二人相亲相爱就是我们的爸爸妈妈相互关心、相互照顾、相互帮助。在家庭里，爸爸关心、爱护妈妈，体谅她为了家庭和孩子的付出；妈妈支持、照顾爸爸，心疼他为供养和守护家人的辛劳。当妈妈在厨房忙进忙出的时候，爸爸会放下手中的遥控器，去厨房帮妈妈淘米、洗菜；当爸爸工作了一天回

图 5-3　爸爸妈妈一起做饭

到家的时候，妈妈会为爸爸递上拖鞋、按摩肩膀。无论疾病还是贫穷，他们都不离不弃。

爸爸妈妈给了子女一个温暖、有爱的家，让家庭形成良好的家风，让子女知书达理、有教养。爸爸妈妈不会争吵，节日里还会有他们的小浪漫，遇到什么事情总会站在对方的角度去考虑问题，整个家庭其乐融融，这就是夫妻相亲相爱之美。

（2）理解支持

一个家总会遇到很多问题和困难，爸爸妈妈两个人在一起，你出出主意，我想想办法，彼此之间相互鼓励、相互支持，一起解决问题，在对方需要的时候送上一份温暖，这也是夫妻关系之美。

比如，妈妈今天在网上学做红烧排骨失败了，情绪很沮丧，爸爸却在饭桌上对那份失败的红烧排骨赞不绝口，让妈妈"乌云密布"的脸上瞬间有了笑容。爸爸对妈妈说，他是她永远的热心支持者，妈妈做的什么都好吃。再比如，爸爸喜欢的球队在今天的比赛中输了，妈妈却买回了爸爸最喜爱的那双球鞋，并告诉他说他是她心中永远的明星球员。一个人的不开心除以二，不开心的情绪就少了一半；一个人的快乐乘以二，快乐就加倍了。爸爸妈妈总是这样相互鼓励、相互支持，能让我们感受到他们对彼此深深的爱意。

（3）忠诚互信

家庭是一个整体，夫妻二人又是独立的个体，作为夫妻，他们有共性，也有自己的个性。对彼此忠诚、信任对方是夫妻关系中最为重要的。爸爸作为家里的顶梁柱，要对妈妈忠诚，要对他们的爱情忠诚，

图 5-4　妈妈陪爸爸看球

图 5-5　孩子眼中的父母

给予爱人和子女切实的安全感。爸爸要把家庭和爱人放在第一位，和妈妈一起把家营造成一个温馨的港湾。

妈妈同样要体谅丈夫为家庭的付出，同时给予他最大的信任。彼此都能坚守对家庭和子女的承诺，为实现共同的家庭目标而付出各自的智慧与努力。他们彼此忠诚、相互信任，人与人之间最基本的亲密关系也就在家庭中建立起来了。

比如，爸爸加班晚了，会打电话告知在家等他回来的妈妈，并温柔地嘱咐她早点休息；妈妈会心一笑，然后默默地去厨房为爸爸温上一碗鸡汤。妈妈说周末上午想去学插花，下午跟朋友出去逛街，晚上吃完晚饭再回来；爸爸说你周末做你喜欢的事就好，照顾孩子有我在，不必担心。夫妻双方愿意给彼此自由的时间和空间，这也是他们忠于家庭、信任对方的表现。

在现实生活中，有太多夫妻恩爱的瞬间和故事，让我们一起来感受那些温馨的画面吧！

五　相濡以沫，相敬如宾　073

2　感受夫妻关系之美

相亲相爱，相伴一生

著名文学家钱锺书和杨绛是一对恩爱的文坛伉俪，他们的夫妻感情十分和睦，两人的爱情故事更是被人们所熟知，成为影响几代人的爱情佳话。

钱锺书和杨绛夫妇有一个女儿钱瑗，也是一位著名的学者。杨绛在92岁高龄的时候用心记述了他们这个温馨的家庭63年的风风雨雨、点点滴滴，写成了回忆录《我们仨》。从书中我们可以看出杨绛在这个家庭中，作为一个妻子、一位母亲，为丈夫和孩子倾注了全部的心血，付出了所有的爱。

图5-6　我们仨。图片来源：杨绛. 我们仨 [M]. 北京：生活·读书·新知三联书店，2003

钱锺书在生活中做事总是"笨手笨脚",比如会不小心打翻墨水瓶,不小心把台灯砸了,又或是不小心把门轴弄坏了,妻子杨绛都会在身后帮他处理好,让他专心于文学创作。虽然在妻子和女儿的心目中,钱锺书才是家里最需要照顾的"孩子",但他的感情是十分细腻的,他对待妻子和女儿细心而体贴。在生活中,他愿意为家庭牺牲和奉献,他和妻子一起学做菜、陪她散步、陪她去寻找生活中的小乐趣。他长期为妻子做早餐,他与妻子、女儿风雨同舟、患难与共。他是女儿的好父亲,也是女儿最好的朋友。

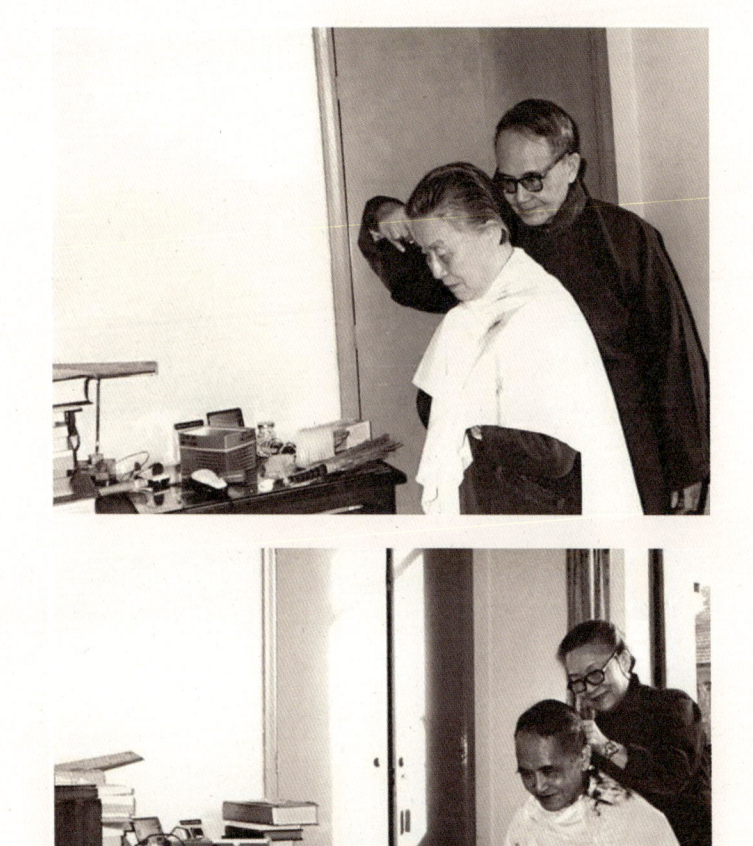

图 5-7 钱锺书和杨绛。图片来源:杨绛. 我们仨 [M]. 北京:生活·读书·新知三联书店,2003

五 相濡以沫,相敬如宾

夫妻俩喜欢叫女儿的小名：圆圆。妈妈杨绛在书中这样描述道："圆圆一向孝顺父母，对父母百般体贴。""圆圆肯委屈，能忍耐。""小时候，圆圆十分乖巧、听话。""阿圆长大了，会照顾我，像姐姐；会陪我，像妹妹；会管我，像妈妈。""她始终是父母的安慰、父母的骄傲。"……如此和谐有爱的家庭氛围和恩爱的父母，造就了钱瑗的成功和优秀，正是因为她在家庭里得到了父母足够多的爱和关怀，所以她也愿意慷慨地把自己的关怀和爱意传达给身边的人，让更多的人感受到温暖。

> 钱锺书和杨绛夫妇二人在相伴的数十年里都相亲相爱、相濡以沫，他们既是彼此包容的夫妻，又是相互理解的朋友，他们为孩子钱瑗营造了一个充满爱意的家庭环境。正是在父母的积极影响下，钱瑗从一个勤奋好学的孩子成长为一个受人尊敬的人民教师！

用相互支持、淡泊名利的眼光看世界

我国著名文学大家鲁迅先生与妻子许广平女士的感情在当时经历了一些困难，但是鲁迅与许广平冲破封建思想束缚的爱情故事还是感动和鼓舞了很多人，给了当时的年轻人去追求爱情和幸福的勇气。

婚后他们过着平淡而充实的生活，彼此相亲相爱，1929年9月他们的儿子周海婴顺利降生。吃过晚饭，家里没有客人的时候，鲁迅和妻子不是马上回到房间里工作，而是关掉灯，坐在门前，在橘黄色的路灯下谈天说地。有时，鲁迅在书房写作，妻子许广平就坐在一旁照看孩子或者做手工。当鲁迅写作疲倦时，就会放下手里的工作，与妻子一边喝茶，一边聊天，或者一起逗逗儿子

海婴。尽管时间不长,但一家人都感到高兴,觉得这是一天里最美好的时光。有时候,他们也到外面散散步,或者一起看画展。鲁迅为了让妻子休息休息,也为了犒劳妻子为家庭和孩子的付出,便常常带妻子去看电影,为了照顾妻子稍微近视的眼睛,每次都买最好的座位。

儿子周海婴的出生给两人的生活增添了许多欢乐,夫妻二人在孩子的教育问题上,向来意见统一,坚持勤劳俭朴的家风。他们对儿子周海婴的教育完全按照鲁迅在1919年写的《我们现在怎样做父亲》的思想来实行,尽量创造机会让周海婴自由地成长,他们希望周海婴成为一个"敢说、敢笑、敢骂、敢打"的人。

从小受父母的影响,周海婴对名利看得很淡,只想做一个实实在在的普通

图5-8 鲁迅一家

图 5-9 周海婴生前照

人。小时候，父母就教导他不能以名人的孩子自居。周海婴的夫人马新云回忆说，1945 年，她家搬到上海霞飞坊 62 号，和住在 64 号的周海婴是邻居。弄堂里的孩子们常常一块儿玩耍，小伙伴们不会在意周海婴是鲁迅的儿子，周海婴也从来不刻意摆架子，孩子们彼此平等、感情融洽。周海婴也说这是因为父母对他的启蒙教育从来都是顺其自然的，从不强迫、硬逼。

> 答客诮
>
> 鲁迅
>
> 无情未必真豪杰，怜子如何不丈夫？
> 知否兴风狂啸者，回眸时看小於菟。

据周海婴回忆，童年的时候他很喜欢一种叫积铁的玩具，那是一种用各种金属零件组成的玩具，他学会了用这些零件组装小火车、起重机，装好了再拆，父亲鲁迅总在一旁予以鼓励。鲁迅去世后，家境曾一度困难，但周海婴热爱技术的兴趣不减，他用储蓄多年的压岁钱交纳学费，报考了南洋无线电夜校。1952年他考进北京大学物理系，从此走上了严谨的科研道路，开始了默默无闻、淡泊名利的生活。

鲁迅和许广平的相互扶持，以及他们淡泊名利的美好品质，影响了周海婴的成长和习惯的养成，让他可以终身受用。

我眼中的爸爸妈妈

我的爸爸是数学老师，妈妈是语文老师。爸爸妈妈的闲暇时光除了下象棋、看电视，更主要的是潜心学习、备课，而且他们会在吃饭的时候交流学习的事情。妈妈总是调侃爸爸缺乏文学素养，不懂诗情画意，而爸爸总是反过来说妈妈缺乏逻辑思维。但他们又彼此欣赏，爸爸觉得妈妈浪漫诗意，妈妈觉得爸爸机智冷静，他们是我坚实的后盾，永远支持着我、鼓励着我、教导着我，我们一家人总是其乐融融。

图 5-10 爸爸妈妈为我们撑起一个家

天伦乐事——家庭美

爸爸妈妈在生活上总是互相关心、互相照顾。他们总是在自己工作空闲时主动承担做饭、洗衣服、照顾我的生活起居这些烦琐的事情，从不为生活琐事争吵，总是设身处地为对方着想，努力分担家务劳动。

爸爸妈妈在工作上也是互相支持、互相帮助。爸爸教数学，对电脑和程序设计很在行，经常帮助妈妈设计课件；妈妈教语文，懂音乐，也常常为爸爸的学生担任歌唱指挥。

爸爸妈妈在教育我的问题上总是意见一致，态度鲜明。爸爸妈妈用自身的行动使我认识到，努力才能换来回报，自己想要的东西，就要自己努力去争取，不能总是躲在爸爸妈妈身后，凡事依靠他们的帮助。我们要学会自立自强，心怀希望，砥砺前行，这样才能取得成功。

爸爸妈妈相亲相爱、互相帮助、默契分工。在爸爸妈妈的教育下，我们也学会了努力、勤奋和关心亲人。

每个家庭中肯定都有很多关于父母恩爱、教育子女的故事，你有没有什么故事想与我们分享呢？

3　美的实践园

实践一

写一个关于爸爸妈妈爱情的小故事，让我们一起来感受你家的浓浓爱意吧！

实践二

你平时注意爸爸妈妈的相处方式和良好习惯与品质了吗？对你产生了哪些积极影响？请尝试着写下来吧！

实践三

自己策划一个小型家庭联欢会，自己当主持人并组织爸爸妈妈共同排练、表演节目，用相机记录下来。请把联欢会的精彩瞬间打印出来粘贴在下面。

六

投我以桃，报之以李
——邻里和谐之美

一纸书来只为墙，让他三尺又何妨。
长城万里今犹在，不见当年秦始皇。

——［清］张英《六尺巷》

图 6-1　六尺巷

  清朝大学士张英的老家人和邻居都要建新房，因为争地皮双方发生了争执。张英便写了一首诗劝导家人后退三尺。邻居见状也自觉后退三尺，由此形成了有名的"六尺巷"。

1　什么是邻里和谐之美

每个人不可能独自一人生活，每个家庭也不可能不与其他人交往。因此，除了要处理好家庭成员之间的关系外，还要注意搞好邻里之间的关系，这样，人与人之间的关系才能更融洽，社会才能更和谐。

邻里和谐之美是指家庭与家庭之间相互尊重、相互帮助、相互理解，从而形成的和谐的邻里关系和生活环境。

贾谊在《新书》中讲过一个关于两国关系的故事，蕴含了邻里之间的相处之道。梁国有一位叫宋就的大夫，他曾经做过和楚国相邻一个边境县的县令。梁国和楚国的边境兵营都种瓜。梁国边境的士兵勤劳努力，经常浇灌瓜田，所以瓜长得特别好；楚国边境的士兵懒惰，很少去浇灌，所以瓜长得不好。楚国

图 6-2　梁国士兵给楚国西瓜浇水

士兵心生嫉恨，就在夜里偷偷破坏梁国的瓜苗。宋就知道后，没有让手下的人去破坏楚国的瓜苗，而是命令手下每晚偷偷地给楚国的瓜苗浇水。有一天，楚国士兵去瓜园巡视，发现自己的瓜苗都已经浇过水了，瓜也比之前长得好了。楚国士兵调查后才知道是梁国士兵做的，于是楚国县令把这件事报告给了楚王。楚王拿出丰厚的礼物，向宋就表示歉意，并请求与梁王结交。所以，梁楚两国的友好关系是从宋就开始的。

和谐的邻里关系使人们的生活更加多彩与快乐。下雨了，家里没有人，邻居会帮忙把晾在外面的衣服收好；放学回到家，爸爸妈妈都不在家，可以在邻居家吃上一餐热乎乎的饭菜；晴朗的夜空下，大家一起在社区广场聊聊天，大人们谈谈工作，小孩子们玩耍嬉戏……这些美好的画面，是和谐社会的生动体现。

构建和谐的邻里关系不仅仅是爸爸妈妈的事情，也需要每位小朋友的帮助。当你给处于困难的邻居真诚的帮助时，邻居会感激你；当你在凌晨时分调小电

图 6-3 我帮你收衣

图 6-4 和谐社区

视机的音量时,邻居会欣赏你……如果与邻居见面从不主动打招呼,只顾自己而不顾邻居的利益,邻里关系就会疏远。

俗话说"远亲不如近邻",邻居之间居住在同一个社区或者村庄,彼此之间相互包容,一起分享快乐,共同解决困难,这不仅有利于构建和谐的家庭,也有利于构建和谐的社会。那么,应该如何做到邻里和谐呢?

(1) 相互尊重

邻里关系和谐首先要做到相互尊重,也就是说,我们应该尊重邻居的隐私,

尊重邻居的生活方式和生活习惯。例如，养狗的人要考虑不喜欢狗的邻居的感受，尽量不要让自己的狗打扰到别人，随时清理狗在公共场所排泄的粪便，出门给狗拴上套绳；不喜欢狗的也要尊重养狗的邻居的权利，不可因别人养狗就恶语相向，甚至毒杀别人犬只。又如，住在底楼的人要尊重邻居的公共空间，不能占用公共绿地；楼上的住户也要考虑底楼邻居的感受，不可空中抛物。如果邻居的生活方式和生活习惯干扰了你的生活，要在充分尊重邻居的基础上加以解决。邻里之间相互尊重是创建和谐社区、和谐家庭的法宝。

（2）相互帮助

邻里之间相互帮助最能体现邻里和谐之美。当邻居家的爷爷生病时，爸爸主动开车送他去医院，妈妈煲了鸡汤去看望爷爷；当你在做一个飞机模型遇到很大的麻烦时，邻居哥哥教你如何去做……当左邻右舍遇到困难时，作为邻居，我们应给予帮助与支持，这些帮助或许是一句安慰的话，或许是物质上的支援……邻里之间相互帮助，共渡难关，能使家庭和社区充满温暖和快乐。

图 6-5 百家宴

（3）相互礼让

　　孟子说："辞让之心，礼之端也。"辞让就是礼让、谦让，指的是人与人之间、邻里之间在交往过程中要注意礼节，言行举止要有礼貌，要多为他人着想。礼让使邻居生活快乐，礼让使社区充满阳光，礼让使生活充满色彩。一个微笑，一个鞠躬，一声"您好"，一句"您吃饭了吗"……这些都是邻里之间的一种礼貌。邻里之间发生了争吵要主动道歉，邻里之间产生了误解要主动解释……这些都是邻里之间礼让的体现。邻里相互礼让能使家庭和社区更加和谐、更加美丽！

　　和谐邻里关系的建立需要彼此之间的尊重、帮助和礼让，让我们一起来感受邻里和谐之美吧！

2 感受邻里和谐之美

老妇人打枣——尊重邻居

杜甫
712—770年，字子美，自号少陵野老，唐代伟大的现实主义诗人，与李白合称"李杜"。杜甫在中国古典诗歌中的影响非常深远，被后人称为"诗圣"，他的诗被称为"诗史"。杜甫共有约1400首诗歌流传了下来，大多集于《杜工部集》。

杜甫在四川时，住在瀼西的一所草堂里，他的邻居是一位孤寡老妇人。

杜甫的草堂前有几棵枣树，邻居老妇人常半夜三更来打枣吃。这事儿被杜甫发现后，他不仅没有责备老人，还给她端来菜粥。原来，老妇人的丈夫和儿子都被拉去充军，她无依无靠，只得靠挖野菜充饥，挖不到野菜才来偷枣。杜甫非常同情老妇人的遭遇，告诉老妇人要吃枣就来打，并叮嘱她白天来，以免发生意外。

后来，杜甫把草堂让给一位姓吴的亲戚。不料这位亲戚一搬过来就在草堂旁边插上篱笆，不让人来打枣。杜甫知道此事后立刻给吴姓亲戚写了一封信。信的大概内容是：草堂前的枣树任由西邻的一位老妇人打枣，因为她是一个没有儿女的老人。如果不是因为穷得万般无奈，她又怎会去打别人家的枣子呢？但是，最近老妇人见你插篱笆就担心你不让她打枣，不要怪她多心，是你太不体贴人。因为老妇人打枣时总是怀着一种恐惧的心情，所以我们不应该干涉她，反而要表示些亲善与尊重，使她安心打枣。

这位亲戚读完信，体会到杜甫的良苦用心，忙叫人拆除篱笆，并亲自去给老妇人赔礼道歉。

图 6-6　老妇人打枣

　　杜甫有同情心，能体谅邻居并热心帮助邻居，这样的精神值得我们学习。"赠人玫瑰，手留余香"，给别人多一点儿温暖，也就给自己多一点儿快乐。

六　投我以桃，报之以李

杨翥卖驴——礼让邻居

杨翥（zhù）

1369—1453 年，字仲举，南直隶苏州府吴县（今江苏苏州）人，明代官员。杨翥年少的时候孤苦贫寒，但是品德高尚。

杨翥是明朝的一位大官，他从不因为自己的官职高，就看不起身份低微的人。传说他善于与人相处，和邻居的关系也特别融洽。

杨翥喜欢骑驴上下朝，他对驴子特别偏爱，常常不顾家人的劝阻，亲自为驴子擦洗梳理，给驴子喂上等的饲料。关驴的房子就在他的房间旁边，半夜他总要起床看一两次，生怕他的驴朋友受到什么委屈。杨翥的邻居是一位老头儿，快 60 岁了才有了第一个儿子，因此对儿子倍加疼爱。可是，这孩子胆子小，一听到驴的叫声就哭个不停，搞得全家人都很心疼。眼看孩子一天天消瘦下去，老头儿心疼坏了，于是就把这件事告诉了杨翥。杨翥知道此事后，二话没说，忍痛把自己心爱的驴子卖了。

图 6-7　杨翥卖驴

杨翥住在京城时，他的邻居丢失了一只鸡，指骂说是被杨家偷去了。家人气愤不过，把此事告诉了杨翥，想请他去找邻居理论。可杨翥却说："此处又不止我们一家姓杨，怎知是骂的我们，随他骂去吧！"还有一位邻居，每当下雨时，便把自己家院子中的积水引到杨翥家去，使杨翥家如同发水一般。家人告诉杨翥，他却劝家人道："总是下雨的时候少，晴天的时候多。"

杨翥的宽容大度感染了邻居，有一次在杨家遭遇盗贼抢劫的危难之际，左邻右舍共同帮助杨翥一家来抵抗贼人。[1]

> 杨翥的宽容值得我们学习，邻里之间相处难免会产生矛盾，用宽容的心去理解他人，就会消解矛盾，从而使得邻里之间相处融洽。

青阳小区——邻居相互尊重

青阳小区是一个环境优美的新小区，但小区近期发生的一件事情使邻里关系闹得很不愉快。

事情是这样的：随着入住的业主逐渐增多，养狗的人也越来越多。邻居们经常碰到一些不戴牵引绳的小狗在小区内乱跑，有些乱窜的大狗时常惊吓到老人和小孩；宠物狗随地大小便无人清理的情况也时有发生，一不注意就会踩到一脚的粪便；清晨或深夜时常会有不停的狗吠声，影响人们休息……

由于邻里之间缺乏沟通，小区里经常有人因为养狗的事情发生口角，甚至大打出手。后来，在业主委员会、物业服务公司及居委会的组织协调下，矛盾冲突的双方及业主代表坐到一起，心平气和地交换意见，讨论解决问题的方法。协调会后，小区里的居民一致认为：应尊重他人养狗的权利，但养狗者要文明

注释

[1] 此案例引自搜狗百科"杨翥"词条，有删改。

养犬，狗主人在遛狗时应给狗戴牵引绳，防止狗吓到他人；狗在公共区域排泄粪便，主人要及时清理；养狗的人家还要科学、文明养狗，尽量避免狗在深夜、清晨这些时间段大声叫唤，影响邻居休息……

通过沟通，养狗的邻居养狗的行为文明了，大家对养狗人家的抱怨声音没有了，邻里关系也更加和睦，青阳小区变成了一个环境优美、人际关系和谐的模范小区。

邻里之间共同居住于一个地域，容易发生摩擦。只有邻里之间相互尊重、相互理解、相互包容，才会营造出安定、和谐的社会氛围。

你为增进邻里和谐做过哪些事情？当你遇到影响邻里和谐的事情时，你会如何做？请把你的答案分享给大家吧！

图 6-8 文明遛狗

3 美的实践园

实践一

邓梅和邻居欢欢在社区的文化广场上一起玩捉迷藏，正当两人玩得开心时，欢欢不小心把头撞到了墙上，很快她的脑袋上就起了一个又红又大的包，欢欢疼得哭了起来。这时欢欢的奶奶喊她回家吃饭，奶奶看到孙女头上起了一个大包，以为是邓梅弄的，就对邓梅又吵又嚷。在一旁只顾着哭泣的欢欢没来得及跟奶奶解释，就被奶奶拉走了。

如果你是欢欢或邓梅，你会怎么做呢？请写下来吧！

实践二

想一想：你的爸爸妈妈做过哪些事情来增进与邻居的友好关系呢？请把爸爸妈妈的做法写下来吧！

实践三

你参加过"百家宴"或其他邻里间的聚会吗？如果有，请写下你的感想；如果没有，尝试设计一次邻里聚会，并把在什么地方、邀请哪些人以及搞什么活动等内容写下来。

七

劳动最光荣

诗书勤乃有，不勤何所获
——劳动之美

锄禾日当午，汗滴禾下土。
谁知盘中餐，粒粒皆辛苦。
——［唐］李绅《悯农》

7-1 劳动最光荣

在家热爱劳动，走出家门才能造福社会。劳动最光荣，劳动也最美！

1　什么是劳动之美

人活在世上，无论是作为家庭成员，还是社会的一分子，都必须劳动。劳动既是人们生存和发展的基础，也是促进人际关系和谐的重要手段。人要是不劳动，别说创造财富，就是活下去都成问题。热爱劳动的人，必然是一个受人喜欢、受人尊敬的人，没有人愿意与一个好吃懒做、坐吃山空的人为伍。

劳动之美，首先体现在为家庭的付出上。古人说："一屋不扫，何以扫天下？"一个在家都不劳动的人，很难想象他能为社会做出什么贡献。为了使家庭生活更加美好，家庭中的每个成员都要劳动，即使是小孩子，也有义务参与劳动：洗洗手帕、叠叠被单，甚至扶起倒在地上的拖把，这些都是劳动。所谓"不劳动者不得食"就是这个道理。

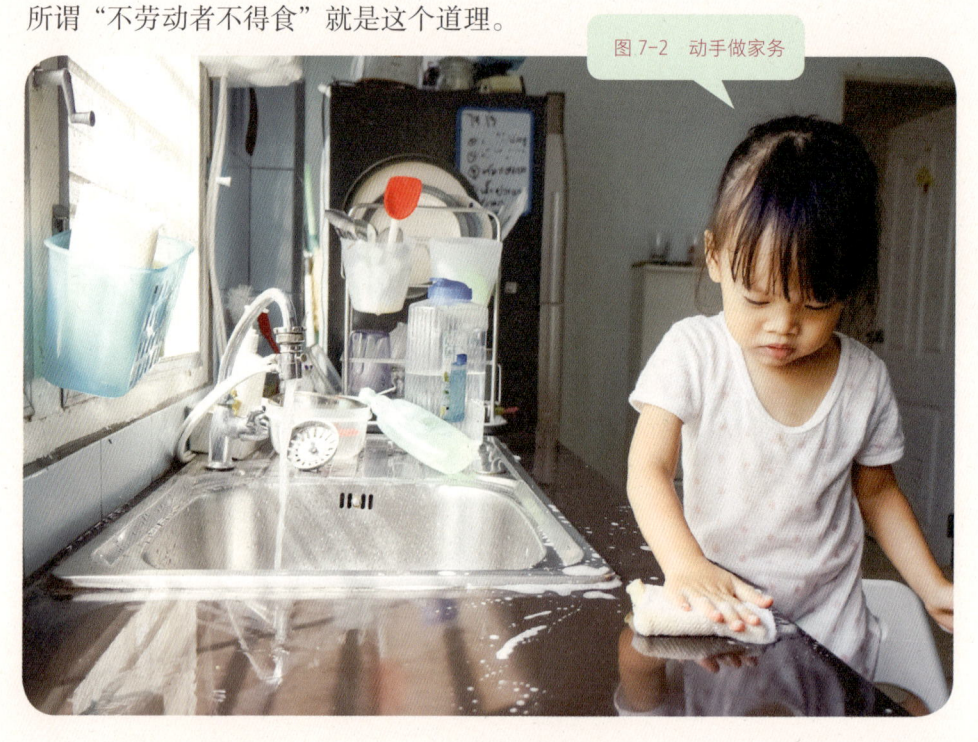

图 7-2　动手做家务

图 7-3　辛勤劳动

　　劳动分体力劳动和脑力劳动，因此，为家庭生活出谋划策也是劳动的表现。体力劳动和脑力劳动没有贵贱之分，但要注意体力劳动和脑力劳动相结合。

　　劳动之美，还体现在为社会、为国家的付出上。人们常说："家是小的国，国是千万家。"家和国是紧密相连、不可分割的。一味只知为自己的家庭盘算，只知为家庭付出，不愿为国家、社会做出贡献，最终也难以实现家庭幸福。劳动既是为家庭出力，也是为国家做贡献，两者没有泾渭分明的界线。劳动之美，既是家庭劳动之美，更是社会劳动之美。

　　劳动之美，就是人们为追求美好生活而付出努力所展现出的优秀品质。劳动之美，就是对自己所做的事情和工作专注、敬业的态度，就是勤奋、刻苦的学习精神，就是对生活的向往和热情。

　　劳动之美包括敬业和专注两个方面。

（1）敬业

　　敬业是一种高尚的职业精神状态，它的意思是一个人由于对自己的职业充

七　诗书勤乃有，不勤何所获

图 7-4　敬业的消防员

满了敬畏之心和热爱之情，所以在工作中便会全身心地投入，认认真真，尽职尽责。中华民族历来就有敬业乐群、忠于职守的传统，敬业既是中华民族的传统美德之一，又是需要传承和发扬的当代优良品质。早在春秋时期，孔子就主张人在一生中始终要"执事敬""事思敬""修己以敬"。"执事敬"的意思是我们做任何事都要严肃认真，不能怠慢；"事思敬"的意思是完成一件事情的时候要专心致志，不能三心二意；"修己以敬"的意思则是我们要加强自身的修养，保持恭敬谦逊的人生态度。敬业精神既彰显了劳动的丰富价值，同时又展现了劳动者的崇高境界。

爷爷奶奶的敬业，为我们创造了美好的时代；爸爸妈妈的敬业，保障了我们无忧无虑的生活。我们作为学生，努力学习，认真完成作业，积极参加劳动，这些也是敬业。正是因为大家都在自己的岗位上敬业奉献，我们的社会才能快速进步，我们的生活才会越变越好。无论我们从事什么工作，身处何种领域，都要具有敬业精神，这样才能做好事、做成事，我们的劳动才算得上是一种美的践行。

（2）专注

专注的意思是专心注意，集中全部精力去完成一件事。要做好一件事、完成一项任务，仅仅凭着一腔热情和短暂的兴趣是无法做好的，还需要足够的专

图 7-5　专注的科研工作者

注和耐力，再凝聚时间、精力和智慧，才能把一件事情做好。这样我们所付出的劳动才是有价值的，而不是无用功。专注，是每一个想要成功、成才的人都必须具备的优秀品质，凡事注重细节，做任何事都具有执着、坚持的精神。

古今中外的历史长河中，每一个杰出的人都有着一种几十年如一日的坚持与韧性。韩愈曾说过"术业有专攻"，意思是你一旦决定要做一件事，就一心一意地做下去，心无旁骛，这样才有可能做到最好，从很多名人的故事中我们都可以看出这个道理。

> 生活中到处都有劳动的存在，我们需要拥有一双发现美的眼睛，去发现生活中的那些劳动之美。

七　诗书勤乃有，不勤何所获

2　感受劳动之美

家务劳动的好处

小文是个学习成绩优异的好学生，但妈妈每次让她做家务时，她都显得非常不乐意。后来，妈妈决定和小文长谈一次，帮助她解决不愿意做家务的思想问题。以下是她们的对话，读完后仔细思考一下妈妈的话。

妈妈：为什么不愿意做家务呢？

小文：做家务耽误学习时间，而且，我也不想做家务。

妈妈：小文不想做家务，妈妈想不想做家务呢？

图 7-6　妈妈与小文长谈

小文：我不知道，反正我看见别的家都是妈妈做家务。

妈妈：小文的意思是妈妈就应该做家务吗？

小文：妈妈是大人，大人就应该做家务，因为家务事我们小孩子不会做，也做不好。

妈妈：妈妈也不是一开始就会做，妈妈也是从不会到会慢慢学习的。况且，比较困难的家务事，比如做一顿丰盛的饭菜、修理门窗等，也不可能让你去做。妈妈要你做的，只是那些你力所能及的家务事，比如收拾自己的书桌、整理自己的被褥等，难道这些都做不好吗？

小文：可是为什么一定要让我做家务呢？

妈妈：家务劳动对小孩子有许多好处：第一，小孩子也是家庭中的成员，也有承担家务劳动的责任和义务，家务劳动可以培养小孩子对家庭的责任感，让小孩子学会担当；第二，家务劳动可以使小孩子学习到一些生活技巧，锻炼生存能

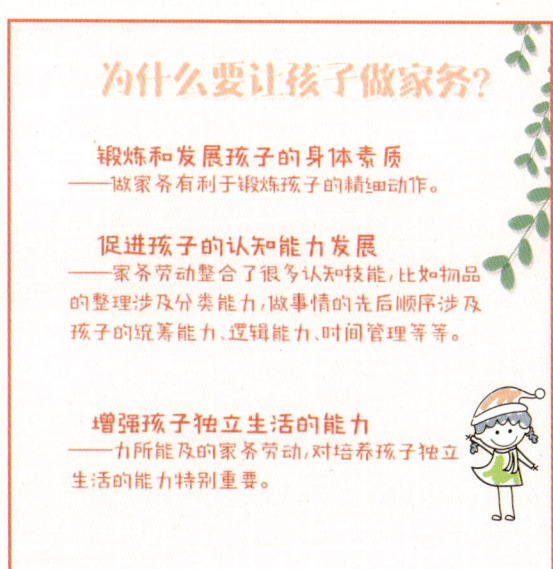

图 7-7 做家务的好处　　　　　　图 7-8 孩子学做家务年龄表

七　诗书勤乃有，不勤何所获

力；第三，家务劳动可以使小孩子放松紧张的学习，是缓解压力的有效方式；第四，家务劳动可以锻炼身体，培养我们的劳动习惯；第五，家务劳动还可以增进家人之间的了解，密切家人之间的关系。

小文：家务劳动有这么多好处啊？

妈妈：是啊！虽然家务劳动有时很辛苦，但通过家务劳动，自己的动手能力得到了锻炼，家庭环境更优美了，家人之间的关系更和谐了，难道不值得一做吗？

小文：妈妈说得对！今后我一定尽可能地多做家务，做好家务。

妈妈：真是个好孩子！

> 劳动不仅对我们个人的成长有利，对家庭和谐有利，甚至对整个社会的发展也起着至关重要的作用，小朋友也应多参与力所能及的家务劳动。

传承工匠精神

胡双钱是一位拥有非凡技术的匠人，人称"航空手艺人"。虽然到今天他仍是一名工人身份的老师傅，但这并不妨碍他成为中国制造大飞机团队里一名不可或缺的成员。

2006年，中国新一代大飞机C919立项，这是一个要做上百万种零件的大工程，对胡双钱来说，不仅意味着要做各种各样形状各异的零件，还意味着要临时救急。有一次，生产急需一个特殊零件，从原厂调配需要几天的时间。为了不耽误工期，只能在现场用钛合金毛坯临时加工。于是，这个艰巨的任务就落到了胡双钱的肩上。

胡双钱后来回忆任务难度之大，是令人难以想象的："一个零件要100多万元，关键它是精锻出来的，所以成本相当高。因为它有36个孔，大小不一样，

图 7-9　认真工作的胡双钱。
图片来源：中央电视台《榜样 2》专题节目视频截图

孔的精度要求是 0.24 毫米。"0.24 毫米，相当于人头发丝的直径，这个本来要靠细致编程的数控车床来完成的零部件，那时只能依靠胡双钱的一双手和一台传统的铣钻床。而他也不负众望，仅仅用了一个多小时，就把 36 个孔悉数打造完毕，一次性通过检验。这再一次证明胡双钱的"金属雕花"技能。

就是秉承着这样的敬业、专业精神，胡双钱在国产大飞机 C919 的制造过程中担当了非常重要的角色，完成了重要的使命。[1]

几十年如一日的敬业、专业精神，铸就了胡双钱不平凡的一生，正如他在中央电视台《榜样 2》专题节目中所说的："你要安得下心，耐得住寂寞，守得住平凡，专心爱上自己的工作，我相信任何一个努力过的人都能成为大国工匠。"

注释
[1] 节选自《中国工匠精神代表人物——胡双钱》，有删改。

七　诗书勤乃有，不勤何所获

庖丁解牛

有一天，一个姓丁的厨工为梁惠王宰杀一头牛。只见他用手按着牛，用肩靠着牛，用脚踩着牛，用膝盖抵着牛，动作极其熟练自如。他在将屠刀刺入牛身时，那种皮肉与筋骨剥离的声音，与庖丁运刀时的动作互相配合，显得是那样的和谐一致、顺畅自如。他那宰牛时的动作就像踏着商汤时代的乐曲《桑林》起舞一般，而解牛时所发出的声响也与尧乐《经首》十分合拍。站在一旁的梁惠王不知不觉看呆了，他禁不住高声赞叹道："你呀，真了不起！你宰牛的技术怎么会如此高超呢？"

> 臣之所好者，道也，进乎技矣。始臣之解牛之时，所见无非牛者。三年之后，未尝见全牛也。方今之时，臣以神遇而不以目视，官知止而神欲行。依乎天理，批大郤，导大窾，因其固然，技经肯綮之未尝，而况大軱乎！良庖岁更刀，割也；族庖月更刀，折也。今臣之刀十九年矣，所解数千牛矣，而刀刃若新发于硎。彼节者有间，而刀刃者无厚；以无厚入有间，恢恢乎其于游刃必有余地矣，是以十九年而刀刃若新发于硎。虽然，每至于族，吾见其难为，怵然为戒，视为止，行为迟。动刀甚微，謋然已解，如土委地。提刀而立，为之四顾，为之踌躇满志，善刀而藏之。
>
> ——《庖丁解牛》节选

庖丁放下手中的屠刀，对梁惠王说："我比较喜欢探究事物的规律，因为这比一般的技术技巧要更高一筹。我在刚开始学宰牛时，因为不了解牛的身体构造，眼前看到的不过是一头头庞大的牛。等到我有了3年的宰牛经历以后，我对牛的构造就完全了解了。我再看牛时，出现在眼前的就不再是一头整牛，而是许多可以拆卸下来的部位了！现在我宰牛多了以后，就只需用心灵去感受牛，而不必用眼睛去看它。我知道牛的什么地方可以下刀，什么地方不能。我可以娴熟自如地按照牛的天然构造，将刀直接刺入其筋骨相连的空隙之处，利用这些空隙便不会使屠刀受到丝毫损伤。我连骨肉相连的部位都不会去硬碰，

图 7-10 庖丁解牛

更何况大的结骨呢？一个技术高明的厨师因为是用刀割肉，一般需要一年换一把刀；而更多的厨工则是用刀去砍骨头，所以他们一个月就要换一把刀。而我的这把刀已经用了 19 年了，宰杀过的牛不下千头，可是刀口还像刚在磨刀石上磨过的一样锋利。这是为什么呢？因为牛的骨节处有空隙，而刀口又很薄，我用极薄的刀锋插入牛骨的间隙，自然显得宽绰而游刃有余了。所以，我这把用了 19 年的刀还像刚磨过的新刀一样。"

"尽管如此，每当我遇到筋骨交错的地方，也常常感到难以下手，这时就要特别警惕，瞪大眼睛，动作放慢，用力要轻，等找到了关键部位，一刀下去就能将牛剖开，使其像泥土一样摊在地上。宰牛完毕，我提着刀站立起来，环顾四周，不免感到志得意满、浑身畅快。然后我就将刀擦拭干净，置于刀鞘之中，以备下次再用。"

梁惠王听了庖丁的这一席话，连连点头，似有所悟地说："好啊，我听了你的这番金玉良言，还学到了不少修身养性的道理呢！"[1]

世间万物都有其固有的规律，只要你在实践中做个专注且善于思考的人，不断摸索，久而久之，熟能生巧，事情就会做得十分漂亮。

你参加过哪些让你引以为傲的劳动呢？劳动对你产生了哪些积极的影响？现在你认为你还需要做些什么呢？

注释

[1] "学生悦读书系"编写组. 成语故事［M］. 南昌：江西教育出版社，2014. 有删改。

3 美的实践园

实践一

　　帮妈妈做一次饭，从淘米、洗菜到洗碗、擦桌子、打扫厨房卫生，了解妈妈为我们做出一顿可口的饭菜需要在厨房专心地忙碌一两个小时甚至更长时间的辛劳，体会妈妈的不容易，并将自己的感受写下来。

实践二

亲手制作一个警示标语牌,从图案设计到标语的构想都由自己完成,然后放到小区的花园里,告诉行人不要随意踩踏草坪,制作时可以寻求爸爸妈妈的帮助。请在制作前将构想与步骤写下来。

实践三

　　从市场上买来种子种在花盆里，每天为它松土、浇水、施肥，看看两周后是否能够长出幼苗。如果有幼苗，请悉心呵护它成长；如果没有幼苗，也不能半途放弃，要弄清楚为什么，要么请爸爸妈妈帮忙，要么上网查找资料，找到种子没能存活和发芽的原因。请将整个过程记录下来。

八

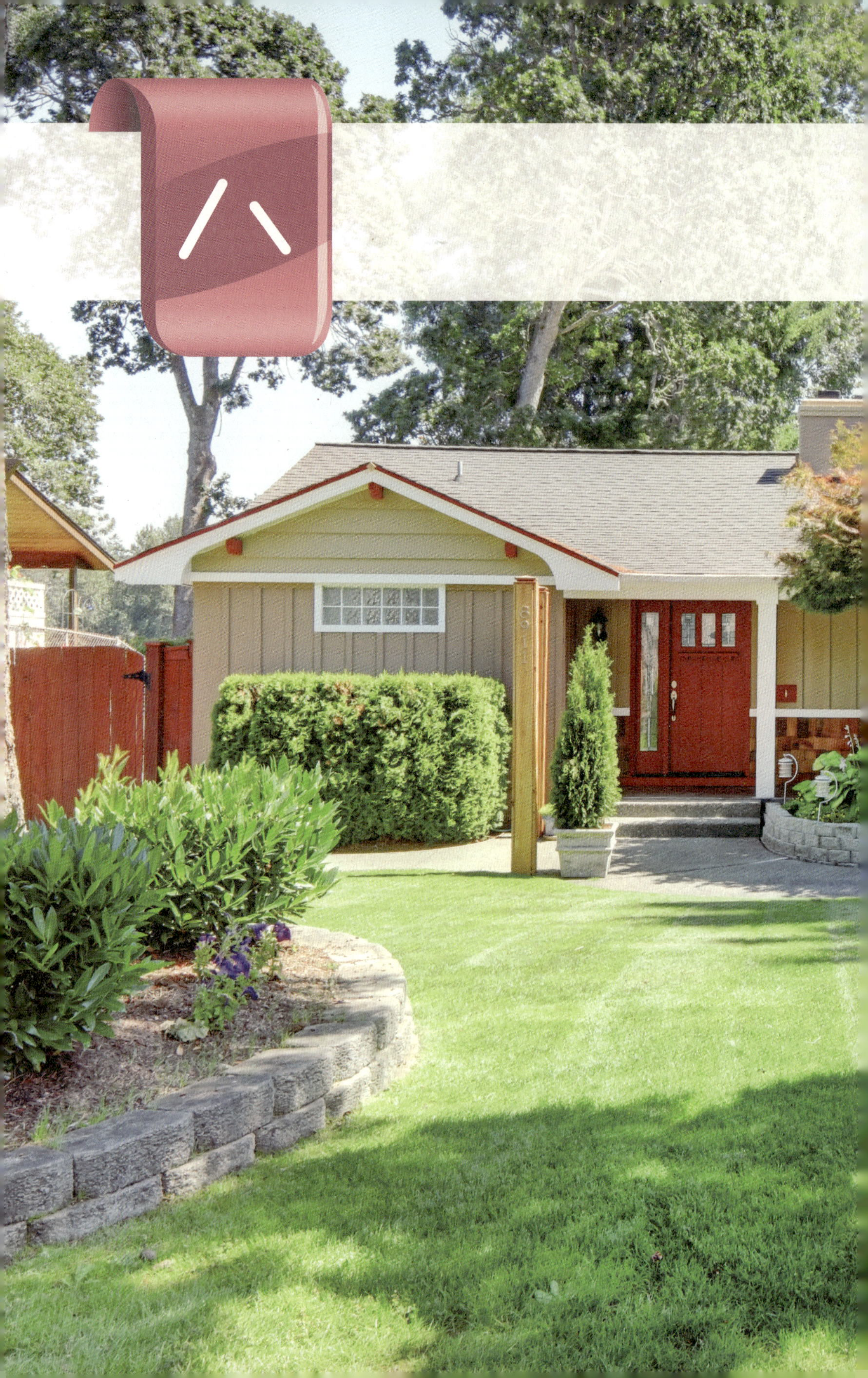

赏心悦目谁家院，良辰美景有洞天
——家居之美

> 庭院深深深几许，杨柳堆烟，帘幕无重数。
> 玉勒雕鞍游冶处，楼高不见章台路。
> ——［宋］欧阳修《蝶恋花·庭院深深深几许》

图 8-1 美丽的院落

家庭之美不仅体现在家庭成员之间的和谐关系之中，也体现在家庭成员与家庭环境的和谐关系之中。

1　什么是家居之美

家庭不仅包括家庭成员，还包括家庭成员的居住场所，也就是家居环境。家庭成员之间的和谐关系之美，是"无形"之美，是内在的美；家居环境之美，是"有形"之美，是外在的美，是我们更能直观感受到的美。

家居是家庭装修、家具和电器布置，以及居室装饰的总和；家居之美则是将上述这些因素在颜色、用料及布局等方面有机统一起来，营造出的舒适和谐的样态家居环境。

和谐的家居环境有不同的表现，体现了人们不同的偏好。例如，有的家粉红色的墙壁、小巧可爱的家具，给人生动活泼的感觉；有的家浅色的墙纸、宽大的落地窗，给人简洁明亮的感觉；等等。

美丽舒适的家居环境是通过家庭成员的辛勤劳动创造的。例如，家庭装修，

图 8-2　美丽的家

图8-3 家居布局展示

大到房间的风格设计,小到相框的位置摆放,无不体现着爸爸妈妈的辛劳和智慧。当然,创造家居之美,我们孩子也可以参与,至少我们可以提出对自己居住房间的布置想法。

那么,家居之美都有哪些特征呢?我们应该如何创造家居之美呢?

(1)有序的家居布局

家居布局是对家里的所有物品的整体规划和安排,要注意以下几个原则:

第一,风格独特。家居风格是家居布局的基调和方向。风格确定了,布置起来就会得心应手。例如,简约的家居设计,就不适宜安排复杂的家具和饰品;如果选择乡村风格,就要以自然风的家居饰品为主。

第二，比例适当。家具或物品的尺寸和位置要根据摆放的空间来决定。例如，小客厅摆放一台大电视就不太协调，大房间安排一张小床也不好看。

第三，对称均衡。例如，以客厅的电视为轴心，左右两边布置相同或类似的家具、饰物，就是对称的设计。对称的设计更容易产生均衡的效果，因而是人们比较偏爱的家居设计方式。但有时也可以有意打破对称，来营造变化的效果。

第四，重点突出。完美的家居布局，不光看起来协调，还会给人眼前一亮的感觉。这种"亮点"就是家居布局重点突出的体现。例如，在客厅安装一盏花枝招展、流光溢彩、独一无二的吊灯，就会给人十分醒目的感觉。

（2）统一的家居色彩

色彩也是家居布置的重要因素。不同的色彩会给人不同的感受，不同的家庭成员对色彩也有不同的喜好，因此需要将家居色彩的布置统一起来，才能达到协调、和谐的效果。

一般来说，红色、黄色这些暖色调容易使人产生联想，感受到温暖、热烈、欢快；绿色、蓝色这些冷色调则给人以清凉、沉静的感觉；粉红色给人天真、可爱的感觉。

家居色彩也要考虑家居布局的原则。例如，颜色的风格独特指的是这

个家庭与那个家庭对颜色的偏好不同,也可以是父母与子女对颜色的偏好不同,但将几个房间分别设计成截然不同的几种颜色,就会因为比例不适当、颜色不统一而难以实现均衡且没有重点,也就难以达到家居和谐的效果。

图 8-4　色彩明亮的青少年房间

图 8-5　环保实用的家具

（3）环保实用的家居材料

不同的家居材料在价格、功能、用途、舒适性以及环保性等方面都有所不同。家居材料的选择，更多应考虑环保和实用两个方面。

环保的材料有利于健康，因此是我们选择家居材料首先要考虑的因素。实用的材料则价格合理且兼顾舒适和美观。选购家居材料要注意这两者之间的平衡。环保标准高的材料，往往舒适性更好，价格也更高。反之亦然。在家居材料的选择上，既不能盲目追求高标准的环保材料，这样会导致支出增加，也不能贪图便宜，否则买到有害健康的材料会使我们付出更大的代价。

> 美丽的家居布置有着共同的特点，要么是和谐的整体布局，要么是多样统一的色彩，要么是温馨舒适的风格……让我们一起来欣赏家居之美吧！

2　感受家居之美

给新家选地板

徐影家的新房子盖好了,现在一家人正在忙着选择家具。周末,徐影和爸爸妈妈一起到家居建材市场去买地板。

家居建材市场有各种各样的地板。走进实木地板店,妈妈说:"实木地板的纹理自然,脚感舒适,但是遇到潮湿就会变形,我们再去看看其他地板。"来到软木地板店,爸爸说:"这个软木地板更具环保性、隔音性,防潮效果也会更好一些,而且软木地板给人一种回归自然、高雅脱俗的感觉。唯一不足的地方就是价格太高了,我们应该选用既经济又美观的地板。"看完实木地板和软木地板,徐影和爸爸妈妈来看瓷砖地板。瓷砖的颜色多种多样,有洁白透亮

图 8-6　不同的地板材料

八　赏心悦目谁家院,良辰美景有洞天

图 8-7 徐影家的阳台

的米白色、优雅耐脏的咖啡色、古典的浅红色……瓷砖的材质也多种多样，有防滑的通体砖，有光滑耐脏的釉面砖，有光亮平整的抛光砖……价格也比较合适。最后，徐影和爸爸妈妈决定买瓷砖地板，但是买什么颜色和材质的瓷砖呢？一家人的意见有些不统一了。

徐影说："我喜欢温馨的感觉，我们买淡黄色的釉面砖如何？"

妈妈说："咱们家有老人，我们应该买防滑的地板砖。"

爸爸说："嗯嗯，小影的外婆行走不太方便，考虑到这一点，我们买米黄色的通体砖，怎么样？"

爸爸订购了米黄色的通体砖，经过装修工人的认真装修，没过多久，徐影一家就搬进了新家。新家的环境让他们很满意，一家人每天都乐呵呵的。

> 家装材料的选择和家居环境的布置，首先应该考虑居住人群的需要，以人为本，同时兼顾经济实惠和美观和谐，铺张奢靡并不可取。

装扮卧室

有一位五年级的女孩叫宋家蕾,她是一位特别勤快的孩子,她把大部分的空闲时间都用在了装扮卧室上,因此,家蕾的卧室不仅干干净净,而且还很温馨漂亮。

走进家蕾的卧室,干净整洁的气息扑面而来,这是因为她经常打扫卧室卫生、清洗床单被罩。仔细观察家蕾的卧室,你会发现卧室里的色彩搭配得很别致,这可是家蕾费了一番心思才营造出的效果。家蕾对颜色搭配很感兴趣,她知道不同的颜色代表不同的情感,如红色能激起热情冲动的感觉,橙色能使人产生欢快轻松的感觉,黄色能让人感到明亮快乐,粉色则能表现出天真、浪漫、可爱的气息……颜色的搭配更是一门技术,例如,红色配黑色,活泼又不失沉稳;黄色配白色,活力又不失温柔;绿色配白色,清爽又不失生动……

家蕾请爸爸帮忙给卧室做了一番装饰。她请爸爸在白色的墙面上贴上粉色

图 8-8 家蕾的卧室

赏心悦目谁家院,良辰美景有洞天

的墙纸，床上的床单和枕头也是粉色系的。墙壁上一个桃红色花瓣状的壁灯，散发着温暖的灯光。明亮的落地窗帘是颜色稍深的橙色，在窗外明亮的光线映照下，卡通的小地毯更增添了童趣。整个房间充满着一种淡雅、可爱、温馨的感觉。整体来看，房间内的颜色搭配偏暖色系且比较明亮，十分符合家蕾的浪漫与精致……家蕾卧室的床是单人的，这样可以节省空间，使整个房间显得更宽敞。

没有用到豪华的家具，家蕾凭借她的勤劳和对颜色的合理搭配装饰出一个漂亮、整洁的卧室。

美是要用我们勤劳的双手来创造的，当看着我们用自己的辛劳创造出的整洁、舒适、美丽的家园时，是不是很有成就感和幸福感呢？

感受书房之美

对于一个钟爱读书的人来说，有一间安静、雅致的书房，是一件令人十分高兴的事情。

图 8-9　书房的意境展示

书房的布置能体现出主人的个性和涵养。古人的书房中常有文房四宝、字画书桌，典雅而简洁。现代书房常蕴涵着科技的美，更可以将古典与现代气息融为一体。图8-9中的书房，宽敞明亮，光线充足，家具样式简洁。木纹地板上仅有一张办公桌、一把椅子和一株绿植。书桌、书架和地板皆以自然的木质材料为主，配上灰褐色的墙面，入眼亮度正合适。再看那桌上与架上之物，现代计算机与古典书籍的配合，线条造型的台灯，既满足工作需求，又彰显简朴的气质。绿植是书房必不可少的装饰，这间书房中有两盆绿植，一大一小，或青翠或嫩绿，相互映照。可以想象，当主人巧思妙构、伏案创作时，时而敲击电脑键盘，时而流连书架，又时而思如泉涌，自有一番滋味！

　　人们常说，环境能影响人的心情，优美的环境让人心情舒畅，糟糕的环境让人心生不爽。想一想，如果你在学习的时候，能够身在一个干净的、整齐的、舒适的书房里，你学习时的心情必定会更好。

> 一间安静、舒适的书房可以让我们更安心读书和写作，学习、工作在这样的环境里，是一种享受。

> 亲爱的读者们，用你勤劳的双手和独特的创意去布置你的家吧，意想不到的精彩会等着你哦！

八　赏心悦目谁家院，良辰美景有洞天　　127

3 美的实践园

实践一

苗苗家的客厅墙壁上空荡荡的,她想在墙壁上挂一些相框。苗苗把7个相框排成一排挂好,虽然墙壁上不再空荡荡了,却又显得有点儿呆板。这可把苗苗难住了。

如果你是苗苗的朋友,对于这个问题,你会给苗苗哪些建议呢?请写下来吧!

实践二

婷婷的爸爸妈妈最近工作很忙,因此,家里已经有一个星期没有打扫卫生了。婷婷看到地面上布满了灰尘,茶几上、沙发上一片凌乱,不知所措。如果你是婷婷,你会怎么做呢?请写下来吧!

实践三

假如你家购买了新房需要装修，爸爸妈妈征求你对装修的意见，并要你布置自己的房间。你想提出什么建议呢？你对自己房间的布置有什么样的设想呢？请写下来吧！

后 记

和谐的家庭对每个人来说都十分重要，因为家是我们每个人一生中待的时间最长的地方，家人是从我们出生开始就生活在一起的亲人，即使家庭中会出现矛盾，和谐也总是家庭的主旋律。为了使青少年能够在阅读过程中感受到家庭中存在的美，从而发现和创造属于自己的家庭美，我们将家庭美的主要内容贯穿到青少年易于理解的语言之中，从人与人到人与环境逐步展开。但是由于家庭美的表现形态较为抽象，呈现时难以做到详尽，本书只选取了七个主题加以赏析，希望读者在阅读完本书后，能够发现家庭美的更多方面。

本书主编汪宏副教授，负责统筹全书，规划总体结构，指导具体内容编写以及修改校订工作；周春晓负责撰写序言、话题一、话题四、后记；李丁负责撰写话题二、话题六和话题八；黄俊负责撰写话题三、话题五和话题七。本书系"青少年审美素养丛书"之一，丛书主编赵伶俐教授在本书的编写过程中提出了许多宝贵意见，在此表示我们最真挚的感谢。

最后，需要特别感谢西南师范大学出版社的张燕妮等编辑对本书提出的修改意见，有了他们的大力支持，本书才能呈现到读者朋友们面前。

《天伦乐事——家庭美》编写组

2018年9月

参考文献

[1] 丁小卒，曹志超，路坦，等. 家庭美学 [M]. 西安：陕西人民出版社，1987.

[2] 傅其三. 家庭生活美学 [M]. 北京：兵器工业出版社，1993.

[3] 赵伶俐，许世虎，李雪垠. 审美·跨界——从规律到写意 [M]. 北京：北京师范大学出版社，2017.

[4] 翟博. 中国家训经典 [M]. 海口：海南出版社，2002.

[5] 韩昇. 良训传家：中国文化的根基与传承 [M]. 北京：生活·读书·新知三联书店，2017.

[6] 孙敬华，宿春礼. 美德的种子：青少年美德教育的100个经典故事 [M]. 北京：中国社会出版社，2005.

[7] 李鹏. 家居赏鉴 [M]. 北京：北京工业大学出版社，2014.

[8] 滕云霞. 家居色彩密码 [M]. 北京：龙门书局，2012.

[9] 徐长玉. 家居装饰材料选择 [M]. 北京：机械工业出版社，2006.

[10] 韩震. 社会主义核心价值观五讲 [M]. 北京：人民出版社，2012.

[11] 人民日报评论部. 习近平讲故事 [M]. 北京：人民出版社，2017.